身体中心の意識が、秘めた能力を引き出す

丹田《たんでん》を作る！丹田《たんでん》を使う！

日本武道学舎学長
吉田始史

BAB JAPAN

はじめに

私のように武道を45年間継続して座禅などをしていると、「丹田《たんでん》」という言葉がいつも隣にあります。

武道などには縁のない人でも、「丹田」という言葉を聞いたことがある人は多いと思います。丹田が現実の社会で何の役に立つのか、どんな意味があるのか考えたことのない人がほとんどでしょうが、丹田という言葉は「丹田呼吸」、「丹田力」などとして現代でも脈々と息づいており、宗教や武芸を中心に習いごとすべてといっても過言ではないほど、あらゆるジャンルで重要視されてきた場所です。

この本では、私の経験と知識に基づき、丹田を意識することによって、私たちの体や心にどのような影響があるのか、どのような効果があるのかを紹介します。

第1章では、「丹田と姿勢」、「丹田と体の動き」との関係、第2章では、「丹田と健康」との関係、そして第3章では、「丹田と精神、心や気持ちの在り方」について検証しています。

さらに第4章以降では、「丹田の鍛え方」や「丹田を鍛えた歴史上の人物」を紹介しますので、少しでも読者の方々に「丹田」に対するご理解を深めていただければ幸いです。

さて、なぜ丹田なのか。

ゲームで育った世代には「丹田」や「肚《はら》」などという言葉は別世界の言葉で、漫画や小説に出てくる言葉でしかないかもしれません。

しかし、足利義満の時代より続いている能や狂言が、今なお隆盛なのと同様に、丹田はさらに長い歴史を生き抜いて息づいているのですから、人間にとっては価値あるものに違いありません。

その価値あるものに今一度、目を向けてみてはいかがかと思うのです。

振り返ってみると、時代の流れの中で身体的にも価値を置く場所が変わってきているように思われます。私たちは、人体の部位の価値基準のようなものを時代とともに押し上げてきたといえます。

原始の時代、狩猟の時代には人々の価値観はおそらく「脚」にあったのではないでしょうか。獲物を待つ、獲物を追い続ける持続力、忍耐力、追いかけ、射止める瞬発力と集中力。

乗り物がなく、道具も限られている時代では当たり前のことかもしれません。「足が速い」こと、「脚力」がイコール生活の糧になるのですから価値を置くのは当たり前です。

しかし、蓄えができるようになると争いがはじまります。

戦乱の時代には度胸や、物ごとに動じない精神を持つことに価値観を置きます。いわゆる「肚」の据わった状態が理想になり、「胆っ玉が据わる」、「腹が太い」、「豪胆」、「胆力」など多くの言葉が生まれます。

蓄えができて貨幣が流通すると「胸」に価値観が移動します。「胸算用」、「胸三寸」、「胸騒ぎ」、「胸糞が悪い」、「胸が熱くなる」、「胸が痛む」などの表現が多くなると、やがて「頭」になります。「頭が切れる」、「頭打ち」、「頭が上がらない」などなど、時代とともに人々は価値観を脚から頭へとどんどん上に押し上げてきました。

最後の章で紹介しておりますが、古来、剣豪などの武術の達人をはじめ、あらゆる分野で名を残してきた人物が一様に座禅を組み、肚を作っていたことには意味があるのです。

脳というのは、自分に都合のよい理屈を並べて正当化し、客観性を失った判断をしやすい臓器であるといわなければなりません。

特に情報が善悪を問わず垂れ流され、人心を惑わす現代においては、「情報操作」や洗脳的な「刷り込み」もいともたやすく行なわれ、人間本来のあるべき「肚」から遠ざかっていくばかりです。

今はすでにAI（人工知能）や5G（第5世代移動通信システム）など、人間の「頭」をもさらに飛び越えた状況を迎えようとしています。

こんな時代だからこそ、今一度立ち止まり、「肚」に気持ちを落とし込んで、沈思黙考してもよい時期なのではないでしょうか。

▼丹田とは何か

まずは以下、丹田についてウィキペディアからも抜粋しながら、私なりに要約してみましょう。

丹田は、内丹術で気を集めて練ることにより霊薬の内丹を作り出すための体内の部位であり、意味は「気の田」、つまり気から成る「丹」を耕す「田」であるとしています。

丹は「水銀」を意味し、鍛錬することにより練られた気は粘度の高いものになることから、そう名づけられたともいわれています。

体を上下に走る経絡である衝脈《しょうみゃく》の直線と腰回りを一周する帯脈《たいみゃく》が、下丹田《げ》の存在する臍のあたりで交叉して「田」に見えることから、これを丹田と称するともいいます。

内丹術では、気を材料として下丹田を鼎炉《ていろ》（食物を煮るのに用いた金属の器）とみなし、意識と呼吸をふいごとして丹を煉成します。女性の場合は乳房の間の膻中穴《だんちゅうけつ》を鼎炉とします。

つまり、気というエネルギーを材料にして意識と呼吸を駆使することで、下丹田という場所、食物を煮ることに用いた鼎炉のように使うということです。

▼三丹田

伝統的に、上中下の「三丹田」説があります。上《じょう》丹田は眉間の奥にあり、神《しん》を蔵し、中《ちゅう》丹田は胸の中央にあり、気を蔵し、下《げ》丹田はヘソ下三寸（骨度法）にあり、精を蔵す、とされています。

狭義には「精」と「気」と「神」は区別されますが、広義にはすべて同じ「気」です。精と気と神は「三宝」とも呼ばれ、性命の根本であり、性は「心」、命は「体」の意味で、

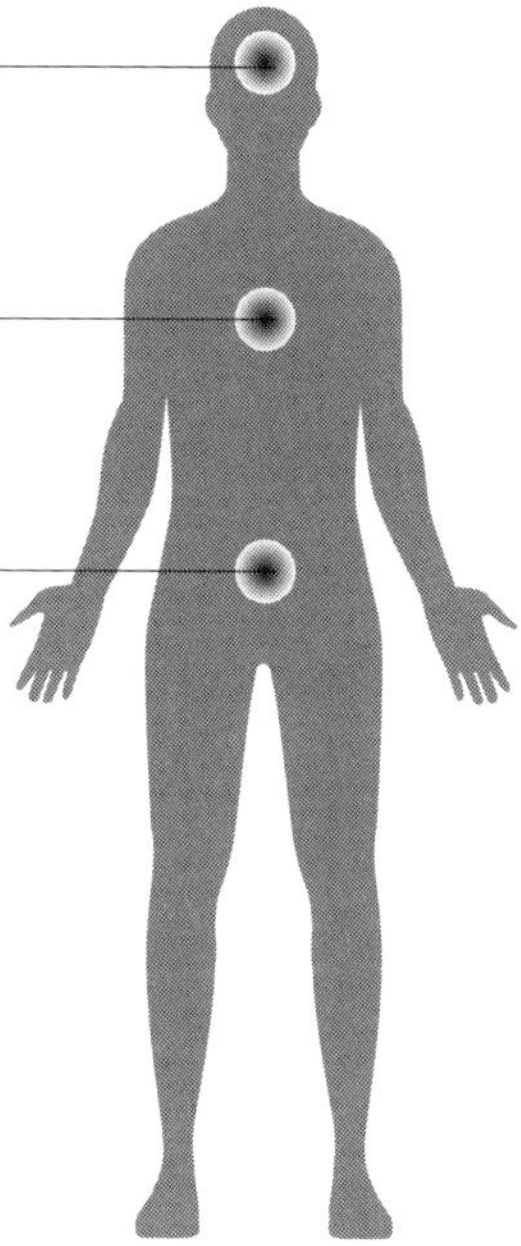

「心身の根本」の意味です。

解剖学的には該当臓器などはないですが、心身医学の領域では自律神経の働きと免疫機構の関係が注目されて、太陽神経叢《そう》（第2章98頁参照）が丹田に相当すると考えられています。

上丹田　泥丸、天谷、内院などの別名がある。

中丹田　絳宮《こうきゅう》、黄堂、土府《どふ》とも呼称される。

下丹田　鼎、臍下《せいか》丹田、気海《きかい》丹田、神炉とも呼ぶことがある。

三丹田以外にも、丹田には多くの名前が付けられています。単に「丹田」という場合は「下丹田」を指すことが多く、下丹田は五臓の中心に位置し、五臓は人体の生命活動と密接に関係しているので、実際にはもっとも重視されて「正丹田」とも呼ばれます。

日本の「禅」、「武道」、「芸道」においても下丹田を重視しており、別名「腹」、「肚」と書いて「はら」と呼び、心身一如に至るための大切なポイントとしています。

▼丹田とチャクラは同じもの？

以上、丹田について簡単に説明しましたが、丹田と「チャクラ」は、何か大いなる共通点があるように思えます。

丹田は、インドのヨガを模倣したか、もしくはヒントを得て中国流に昇華したようにも見えますが、中国医学の身体論とインド医学の身体論には考え方に違いがあるようで、チャクラから丹田が派生したとは考えにくいようです。

たしかに三丹田の一つである上丹田は第6のチャクラに位置していますし、中丹田は第4のチャクラ、下丹田は第2のチャクラと同じような場所に位置するように見えます。

私自身、20年ほど前に台湾で「タオ」と「気功」を長年習っていたという先生について、わずかですが習ったことがあります。先生は「第三の眼が開いた」といわれておりましたが、あいにくチャクラが見えるほどではなかったようです。

その後、「チャクラがすべて開いた」という方に何度かお会いして、いろいろ話を聞く機会を得たことがあります。

その方の言によると、家紋に「菊の御紋」というのがありますが、それと似た形をしたものが体の表面3センチメートル前後離れたところで激しく回転しているとのことです。そして体の場所、つまりチャクラの種類により色が異なっているのだそうです。

それを聞いて書籍で調べると、同じようなことが書いてありました。もしかするとその方も本で調べたのかなとも思いましたが、その方は病院でも治らない病気を持っている人を「気」で治している人でもあり、私もその現場を何度かこの目で見ているので、信じられるかもしれません。

実際、「一部のチャクラを開いてもらった」という人もおりますが、開いてもらったチャクラの部分の能力が開花するようです。

話がそれましたが、丹田とチャクラについては、私のこれまでの実体験や聞いたこと、調べたことをもとにすると、次のようなことかと思います。

丹田とチャクラでは、体に取り込むエネルギーの種類が違うようですが、丹田は内臓に深く関係するようです。

つまり、内臓に影響を与えることにより、間接的に精神面にも影響を与えていくのでしょう。丹田とチャクラの存在は、互いに完全に独立したものではなく、相互に何らかの関連性があり、補完し合っていてもおかしくはないと思っております。

▼丹田を作り、丹田を使う

タイトルにもあるように、本書は私が武道の稽古などを通して学んできた丹田の作り方（練り方）から、武道のみならず日々の生活の中でも丹田を活用する方法を紹介しております。

	丹　田	チャクラ
位置	体の内側にある	体より少し離れたところにある
エネルギー（感覚）	粘着性がある、重い	繊細、サラリとしている、軽い
動き	球体のような塊、重たい	扇風機のように回転する、軽い

丹田の探究は、正しい「姿勢」にはじまり、「重心（意識）」、「脱力」を経て「空間認識」へと至るのではないかと考えております。

本書によって、みなさまが健康で活力ある人生を送られることを願っております。

なお文章だけでなく、さらに理解を深めたいと思われる方は私が解説しているユーチューブ動画をご覧ください。日本武道学舎のホームページからもご覧になれます。

【武学舎TV】

若い方であれば、私の息子も動画を発信しているので、あわせてご参考にしてください。

【YASU武道】

CONTENTS

第1章

姿勢と動きから見る丹田

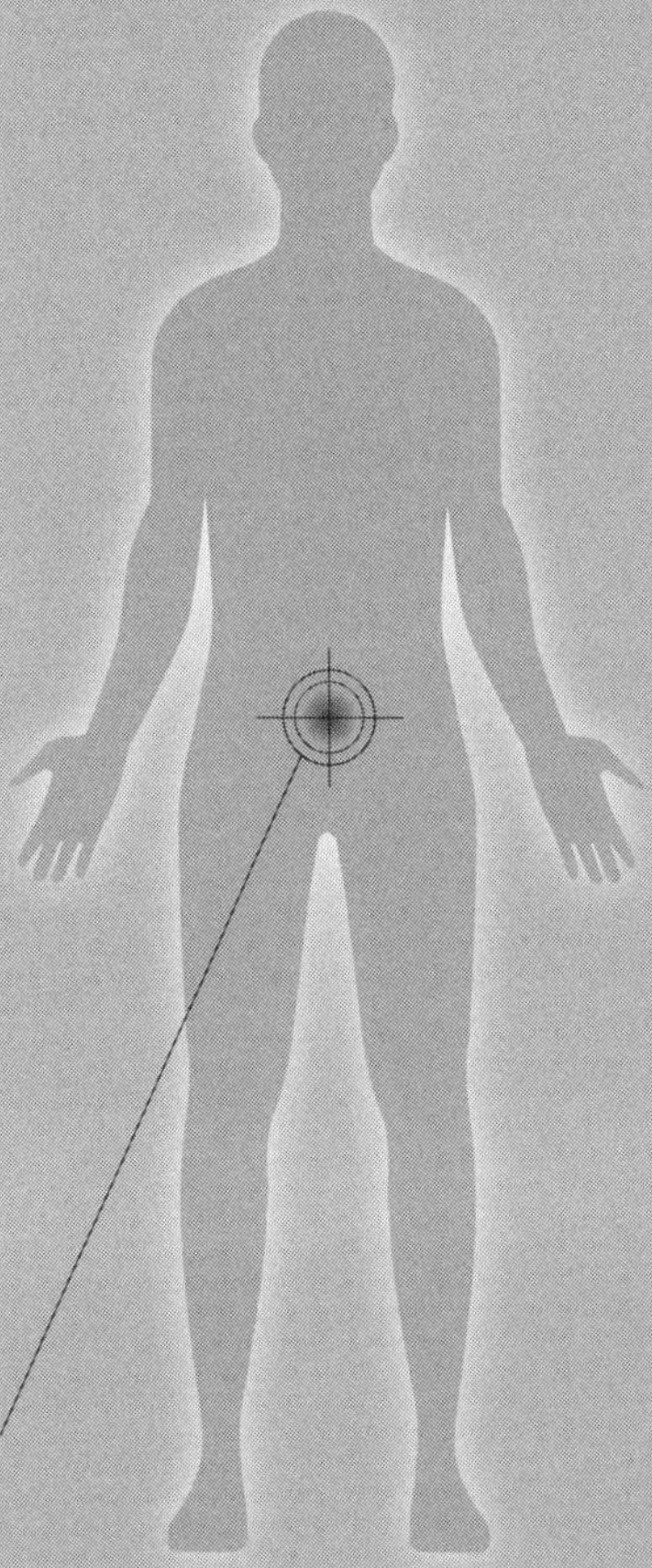

間違った姿勢では丹田は生かされない

丹田を意識するためには正しい姿勢が欠かせません。

なぜなら、丹田を意識するためには腹圧が必要になるからです。

もちろん、慣れてくると特別に腹圧を意識せずとも丹田に意識を集中させることができますが、初めのうちは腹圧が必要です。

それでは、どのようにすると腹圧を高めることができるのでしょうか。

その感覚を自分のものにすることは簡単ではありませんが、その場で実感することはすぐにできます。

「ウンコ我慢」の体勢です。

この体勢は、腰を反った状態とは逆の姿勢ともいえます。つまり、仙骨（骨盤の背中側の中心にある三角の骨）を負け犬が尻尾を丸め込むように内側へ、恥骨側へと向けることです。

この姿勢を作ろうとすると自然に猫背になってしまうので、肩甲骨を腰に押しつけるよ

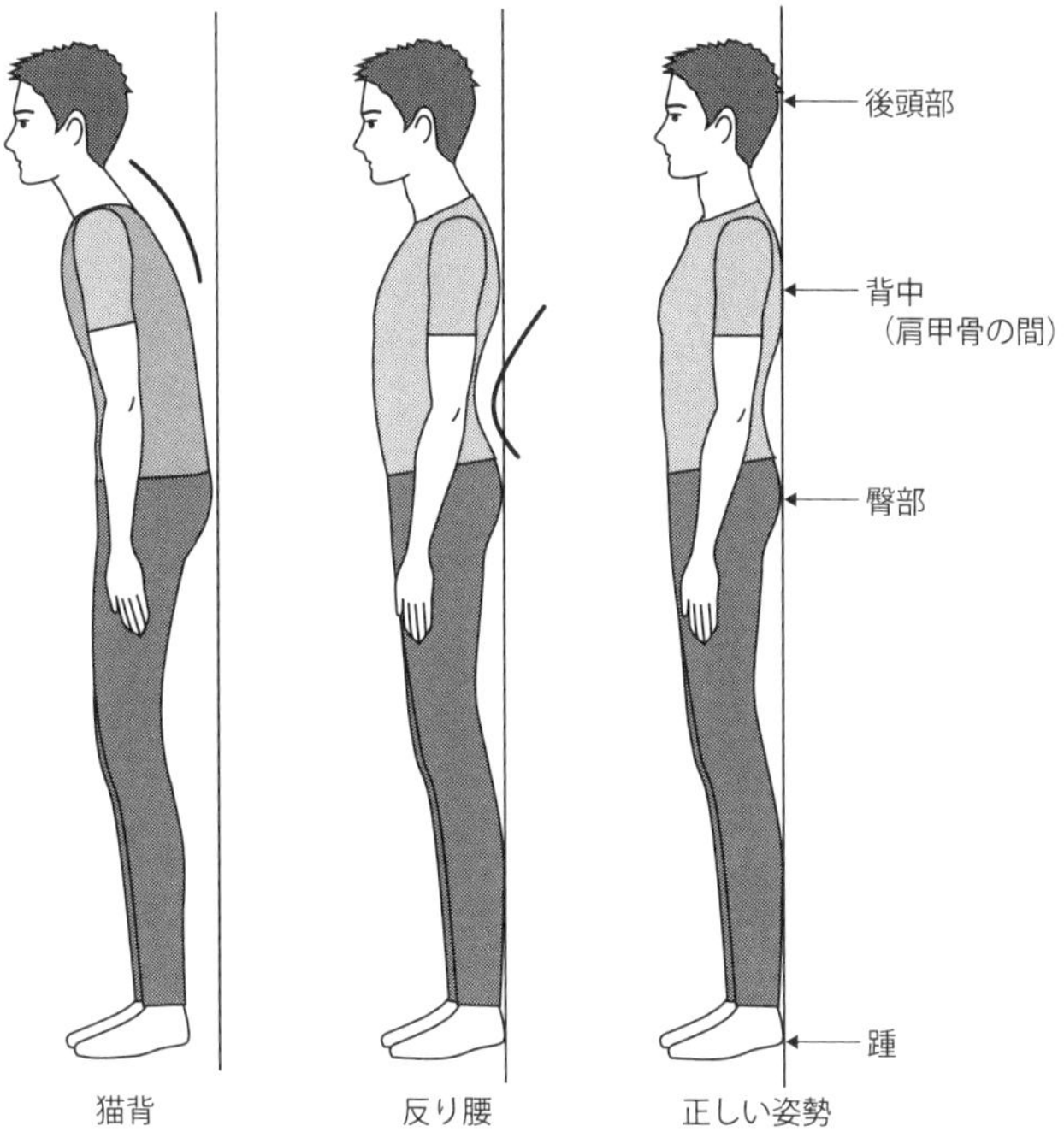

うに押し下げます。すると自然に耳が肩に乗るような感覚になってきます。道元禅師のいうところの「鼻はヘソに、耳は肩に」という姿勢になるのです。

上の図にあるように体を柱や壁につけ、踵《かかと》・お尻・肩甲骨・後頭部の4点を無理なくつけることができるでしょうか。

4点とも無理なくつけることができた方は、よい姿勢で暮らしているといえるでしょう。

ほとんどの方は2～3点は無理なくつけることができますが、残りの1点をつけることが苦しい、あるいは自分にとって不自然だと感じるのではないでしょうか。その方は紛れもなく姿勢の悪い人です。

物事にはすべて順序と段階があります。

たとえば丹田を意識しようとするときは、「初めに丹田ありき」ではなく、正しい姿勢をある程度作ることができてから丹田を意識するようにしていきます。

剛から柔

私は空手の4つの流派で黒帯を取りました。

一つの道を極めようとすることが正しいとすれば、決して誇れることではありませんが、いろいろと勉強になりました。

「剛から柔」、また「守・破・離」（第4章124頁参照）という言葉がありますが、勉学から仕事まで、世の中のすべての習いごとに共通していえることです。

言い換えると、「がむしゃら」から「ゆとり」、そして「個性」へと至ることだと思うのです。一所懸命に取り組み、その過程でコツをつかみ、力みが取れる。肉体でいうと、「脱力」が身につくということです。

そういう意味では、私は空手でいえば「剛柔流」という流派の名前が一番好きでした。

何を目標とするかによっても違いますが、ある程度は一所懸命に取り組み、意識して繰り返さなければ身につきません。

正しい姿勢は、「腰を反らせすぎず、猫背にならず」が基本です。

私はこの姿勢を「体幹の絞り」といっております。「肘を絞る」、「脚を絞る」と同じように体幹での絞りです。

「絞り」とは本来、力みもなく自然であれば導かれるはずの方向に逆らって、あえて逆の方向に力を入れることにより、その部分を強化することです。

たとえば、反り腰を治そうとして仙骨を内側に丸める、つまり「ウンコ我慢」の姿勢をとろうとすると猫背になってしまいます。これはよい姿勢とはいえません。

そこで、猫背にならないように「首の後ろ固定」をします。スポーツ界でよくいわれる

「アゴを引く」というものです。

本来、仙骨を丸めて猫背になってしまうところを、背筋を伸ばすという「絞る」動作をするわけです。

みなさん、思い出してください。ウンコをしたくないときに「ウンコ我慢の姿勢」をとると猫背になりますが、本当にウンコを我慢するときは猫背になるでしょうか？

必ず背筋が伸びているはずです。つまり、肛門を締めようとするときは背筋が伸びるのです。そのとき、お腹は緩んでいますか？

普段は緩んでいるお腹も、間違いなく凹んでいることでしょう。つまり腹圧が高くなっており、反っている腰も内側からの圧で膨らむのです。

腹圧を意識できなければ丹田は意識できません。

「ウンコ我慢」の姿勢は、内臓のコルセットの役目をしている「腹横筋」という一番大きな筋肉を鍛えて活用することができる動きであり、構えなのです。腹横筋は一般的な腹筋強化運動では鍛えることができません。

ここで一つ注意してほしいことがあります。

私も最初は腹圧を高めることからはじめましたが、腹の圧を高めることができないままに丹田を意識しようとすると、意識が下腹に落ちず、胃の部分に留まってしまいがちになります。

　このような状態になると胃酸過多となり、胸焼け状態になるので気をつけてください。実際、私自身がそうなってしまいました。私の意識の仕方が下手だったのかもしれませんが、おそらく私だけのことではないと思います。

　正しい腹圧ができなければ丹田を意識することはできませんが、正しい腹圧のための正しい腰の角度を探すには少々時間がかかるかもしれません。

なぜなら、反りがちになる腰を内側の圧によって膨らませ、できるだけ真っ直ぐに立てる必要があるからです。

　私自身、「これでよいのだろう」と思って10年以上経過してからも、いまだに微妙に角度を修正している状態です。これからも修正するかもしれません。

　丹田を意識すると、体の重心は胸から腹に下がりやすくなります。そして丹田を意識することによって腹圧が腰を固定し、体重の利用を大幅に可能にします。

　私の体験でいうと、丹田を感知できたと思ってからしばらくは、丹田は腹内で大まかな球という形でありました。

それから微妙な腰の角度によって、より骨盤の底に近くなり、楕円のように感じられ、腹部を輪切りにした隅々まで行きわたった感じを得ることができました。そして体の重心がさらに安定し、体幹も強化されたのです。

屈筋民族と伸筋民族

筋肉には屈筋と伸筋があります。簡単にいえば、屈筋は関節を曲げるときに使う筋肉、伸筋は伸ばすときに使う筋肉です。

日本人は屈筋民族であり、欧米人は伸筋民族であるといわれます。ノコギリを引いて切るのか、押して切るのかを見てもわかります。日本人はノコギリを引いて切りますが、欧米人は押して切ります。

手を優先している民族と足を優先している民族の違いともいえますし、あるいは農耕民族と遊牧民族の違いともいえます。

伸筋が弱いということは、いろいろな習いごとにとっては致命的です。ピアノや書道、華道、武道など「道」という言葉がつくものだけではなく、あらゆるスポーツでも伸筋を優位にしなければなりません。

そう考えると、屈筋民族である日本人は欧米人に比べると不利であるといわざるをえず、私は現代の日本人に一番欠けているものは「圧《お》す」力だと思います。

相手に強く出られるとすぐに下がってしまう気持ちの弱さも、もしかしたら屈筋優位のせいかもしれません。伸筋は相手を押す力と解釈できますし、屈筋は相手を招き入れる力といえるからです。

本来は、屈筋と伸筋両方をバランスよく持ち合わせているべきでしょう。丹田を作るときにも、この屈筋と伸筋のバランスが重要になってきます。

屈筋と伸筋のバランスが悪いとつい反り腰になったり、必要以上に腰を丸めがちになり、丹田を意識しにくくなるからです。

ちなみに、屈筋は体の正面の胸から下方へ行き、腰から太腿の後ろへと通るラインにあり、伸筋は背中から下方へ、腰から太腿の前へと通るラインにあります。

腸腰筋

丹田を作るときは、腸腰筋《ちょうようきん》という筋肉の働きも重要なポイントの一つになります。

下の図のように、大腰筋、小腰筋、腸骨筋を合わせて腸腰筋といいます。

黒人の大腰筋は白人の3倍の太さを持っているといわれるように、腸腰筋は人種によっても違いがあることがわかっています。

一般的に太腿を持ち上げるときに使う筋肉は、腹筋や太腿の筋肉（大腿四頭筋）と思われていますが、実際に一

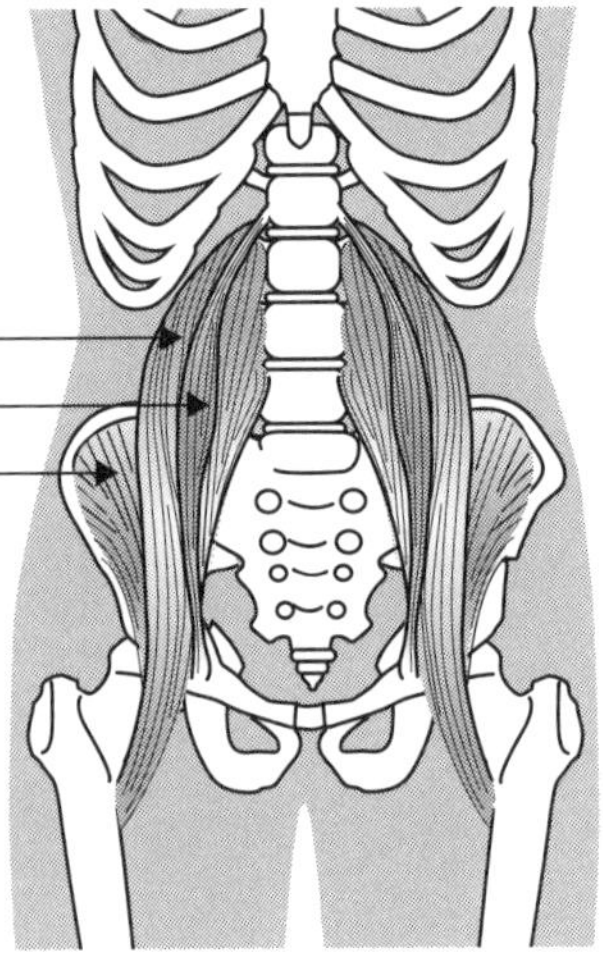

番大きな働きをするのは腸腰筋です。腸腰筋が腹筋や太腿の筋肉と連携して股関節を曲げているのです。

腸腰筋は、次に紹介するハムストリング（脚の後ろ側の筋肉）の拮抗筋（両方があって初めてバランスがとれる筋肉）となっていますが、骨盤の中からはじまって大腿骨についているので、ほとんど触れることができず、意識もしにくい筋肉です。

腸腰筋の役割としては次のことがあげられます。

1　背骨と太腿をつなぎ、背骨と骨盤を正しい位置に保つ
2　股関節を曲げることや、太腿とお腹を近づける動作を助ける
3　正しい姿勢を維持する
4　内臓を正しい位置で支える
5　自律神経の働きを正常にする

腸腰筋が衰えるとどうなるのか？

腸腰筋の働きが悪くなると骨盤が前傾してしまいます。

つまり、腰が本来あるべきS字の生理的歪曲以上に反ってしまい、S字がつぶれた形になるのです。私が勧めている「ウンコ我慢の姿勢」とは逆の姿勢になってしまいます。

結果として骨盤が歪んだり、腰が丸くなったりします。筋肉で支えている内臓を骨盤で受けようとするので、内臓が下垂して下腹が出た状態になります。さらには太腿が上げづらくなり、わずかの段差でつまずいて転倒するようになります。

高齢者の転倒の原因の一つは、腸腰筋やハムストリングの衰えや硬直から来ています。また、高齢者の中には腸腰筋が硬くなって膝が上がりにくくなり、腰痛の症状を訴える人も多いです。

人間の体には正面と背面があります。腕にも二頭筋と三頭筋があるように、太腿にも表裏が拮抗するための筋肉がついています。

つまりバランスをとるために、表が硬くなれば裏も硬くなり、前が硬くなれば後ろも硬くなり、右が硬くなれば左も硬くなるのです。

ですから、腰の後ろの緊張を取っても、腰の前の緊張を取らなければすぐに元に戻ってしまいます。

腸腰筋は腰から大腿骨へ伸びる重要な筋肉ですから、股関節への影響も非常に大きなものになります。

この部位が硬くなるといろいろな障害が出てきますので、柔軟な状態を維持することが大切です。

腸腰筋が硬くなると、股関節周囲のみではなく腰痛にも大いに関係し、ひいては膝や足首へも影響が出てくることも多く、下半身だけではなく肩凝りや頭痛の原因にもなってきます。

もちろん、動きの面からみても、よいパフォーマンスを得ることは難しくなってくるでしょう。年齢とともに若いときよりも動く時間は短くなりますし、比例して筋肉は硬くなってきます。

もし、トレーニングで肉体を見かけ上、若いときと同じようにできたとしても、内容は別物です。しかし、ストレッチや正しい姿勢を心がけることによって老いにブレーキをかけることができます。

腸腰筋を柔軟に維持することがその働きを最大限に引き出すことになるので、内臓を正しく保持したり、太腿を速やかに動かすことができるのです。

腸腰筋と歩行

最近、「速く歩くことができる人は健康寿命が長い」とよく聞きます。

たしかに高齢者になると、歩く速度と転倒の因果関係がハッキリと出てきます。もちろん、速く歩ける人は転倒の可能性が低いということです。

速く歩けるということは、足の回転数が速いか、一歩の歩幅が広いことを意味しており、そのいずれかが、あるいは両方の動きができるということです。

なぜ、腸腰筋と歩行の関係が引き合いに出されるのかといいますと、腸腰筋の主な働きが「太腿を上げること」だからです。

腸腰筋に力があるということは、体全体の筋肉量の7～8割が存在する下半身の筋肉にも力があるということで、筋肉運動による代謝がよいということです。

その結果、認知症などの脳の疾患をはじめ、癌や糖尿病、心臓病へのリスクを減らすことになるようです。

実際、歩行速度と寿命は比例しているというデータもありますが、みなさんの周りを見てもうなずけるのではないでしょうか。

意外と高い仙骨の位置

「仙骨」といっても、どこにある骨なのかよくわからない方も多いかもしれません。

一般にはなじみのない言葉ですが、本書のタイトルにある「丹田」に興味を持っている方でも、仙骨のある位置を本来ある位置よりも低くイメージしている場合が多いのではないでしょうか。

実際の仙骨の位置は思いのほか高い位置にあります。

わかりやすくいうと、「仙骨と丹田の位置は向かい合っている」ということです。

しかし、「腰反り」の姿勢だと、仙骨の向きは丹田ではなく恥骨、つまり性器のほうに向いてしまいます。

これでは丹田に意識を持っていくことや、腹圧をかけることが難しくなります。

丹田を意識するには、「腰・腹同等の腹圧をかける」ことが重要になってきます。

腹圧をかけるということは、前と後ろに壁を必要とすることを意味しますが、腰反りで仙骨が下を向いてしまっていては、後ろの壁を作ることができないだけではなく、下腹という前の

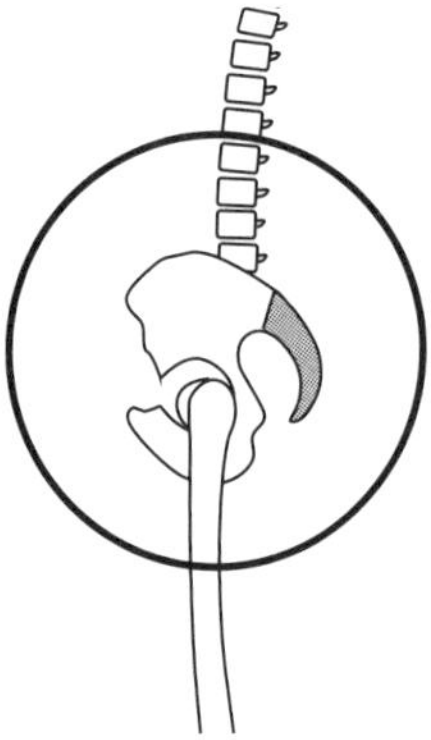

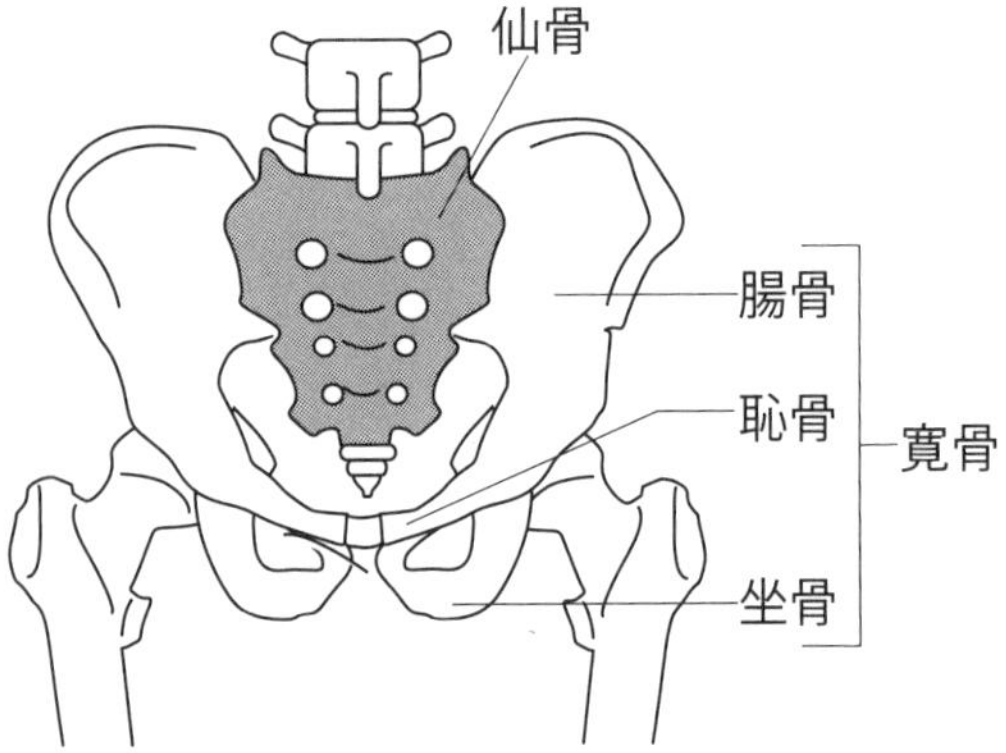

壁も下に位置することになります。

前と後ろの壁の位置関係がズレてしまうと圧をかけにくくなるので、結果として丹田を意識することもできなくなります。

丹田の意識は正しい姿勢からしかできないのです。

一般的な仙骨の位置のイメージは、日常的に意識している肛門の位置との関係からか、次頁の図1のように実際より下に感じているようです。

事実、私自身がそうでした。ですので、丹田を意識する、あるいは圧をかけようとするときに、仙骨が丹田の真裏に位置しているという事実をなかなか実感できないのではないかと思います。

図2を見てもわかるように、仙骨は意外と高い位置にあります。

もしかすると、丹田自体も、下腹と腰椎（仙骨のすぐ上）の間あたりにあると意識しているかもしれません。

しかし、実際は図2の仙骨と下腹の中間に位置しています。

仙骨は、「神が薦める骨」ということから名づけられたともいわれているだけあり、いろいろな意味で重要な骨です。

図 1

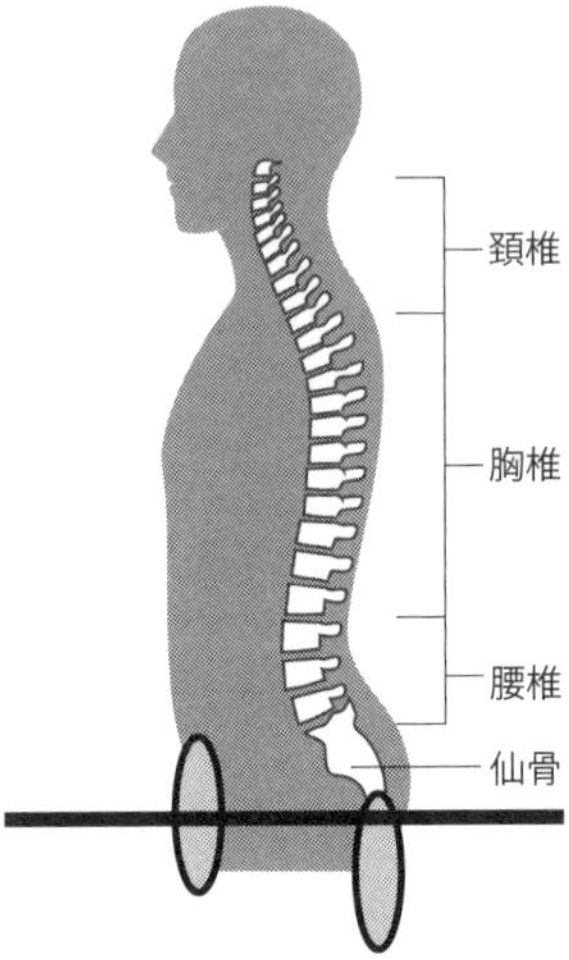

図 2

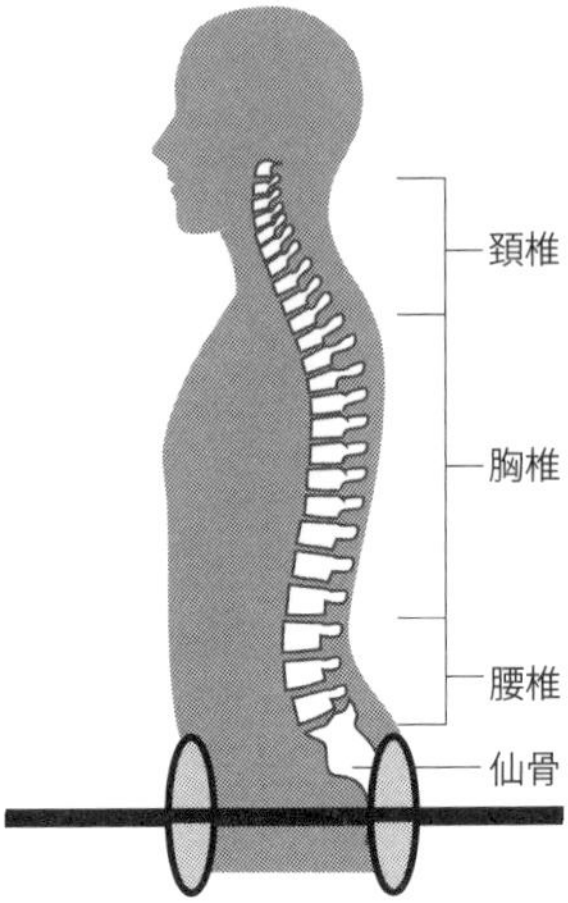

図 3

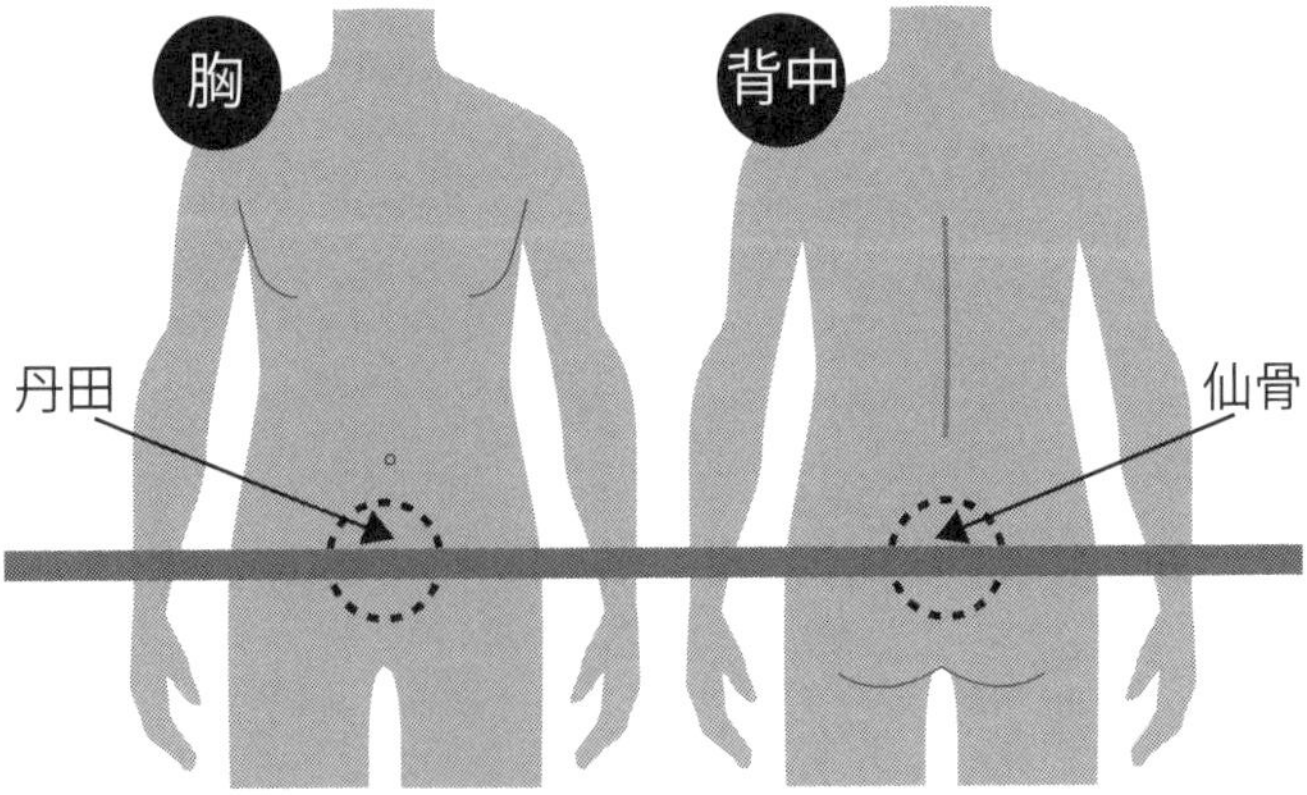

図 1 は一般の人が感じている仙骨と下腹の位置関係、図 2・3 は実際の下腹・丹田・仙骨の位置関係を表わしている。仙骨と下腹の位置は向かい合っており、その中間に丹田が位置していることを知らなければ、その先へは進めない。

ヨガでは、肛門を締めることは基本中の基本ですが、調べてみると肛門を締める意識は、肛門の真上に位置する仙骨を刺激する行為でもあるように思われます。

たしかに刺激はありそうですが、日ごろからよほど意識をしていないと、その刺激の意味するところをなかなか理解できないと思います。

実際、肛門を締める力を仙骨にぶつけるようにすると、何かが起きるという人もいます。その刺激が仙骨を目覚めさせるというのですが、果たしてどうでしょうか。

また、仙骨はミイラになっても最後まで残る骨ともいわれております。解剖学的にも背骨を挟む二つの骨の一つであり、背骨を下で受け止めている「仙骨」と、背骨の上で蓋をしている「蝶形骨」は、セラミックに替えることができない骨でもあることから、そのように神秘的に思われているのかもしれません。

私の場合、「腰・腹同等の力」を入れることによって丹田に意識を置き、集中した意識を仙骨にぶつけるようにしています。

そのことによって何が起きるのか、可能性は未知数です。

なぜ、仙骨を締めなければならないのか？

次頁の図4上の右側の図は、腰が反った姿勢（反り腰）、左側の図は仙骨を締めた姿勢を表わしてます。

丹田を意識して、丹田を作ろうとする場合、先述のように「腰・腹同等の圧をかけよ」というのが定石です。

このとき左側の図の仙骨を締めた姿勢の場合は、丹田を挟んで仙骨と下腹は向かい合っており、腰と下腹同等に圧をかけやすい状態にあります。

しかし反り腰の場合は、丹田に圧をかけようと意識しても、仙骨と下腹が向かい合ってないため圧をかけにくく、腰・腹周囲の安定を得ることができなくなります。

また、今は非常に多くなっている17頁の図にある猫背や、背骨全体が丸まって「Cの字」のようになってしまう「亀背」の場合は、仙骨を立てることができず、反り腰と同様に腰・腹同等の力を入れることはできません。

下腹に力を入れようとしても腰に力が入らず、腰・腹周囲を一つの大きなボールのよう

図4

正しい下腹と仙骨　　　反り腰の下腹と仙骨

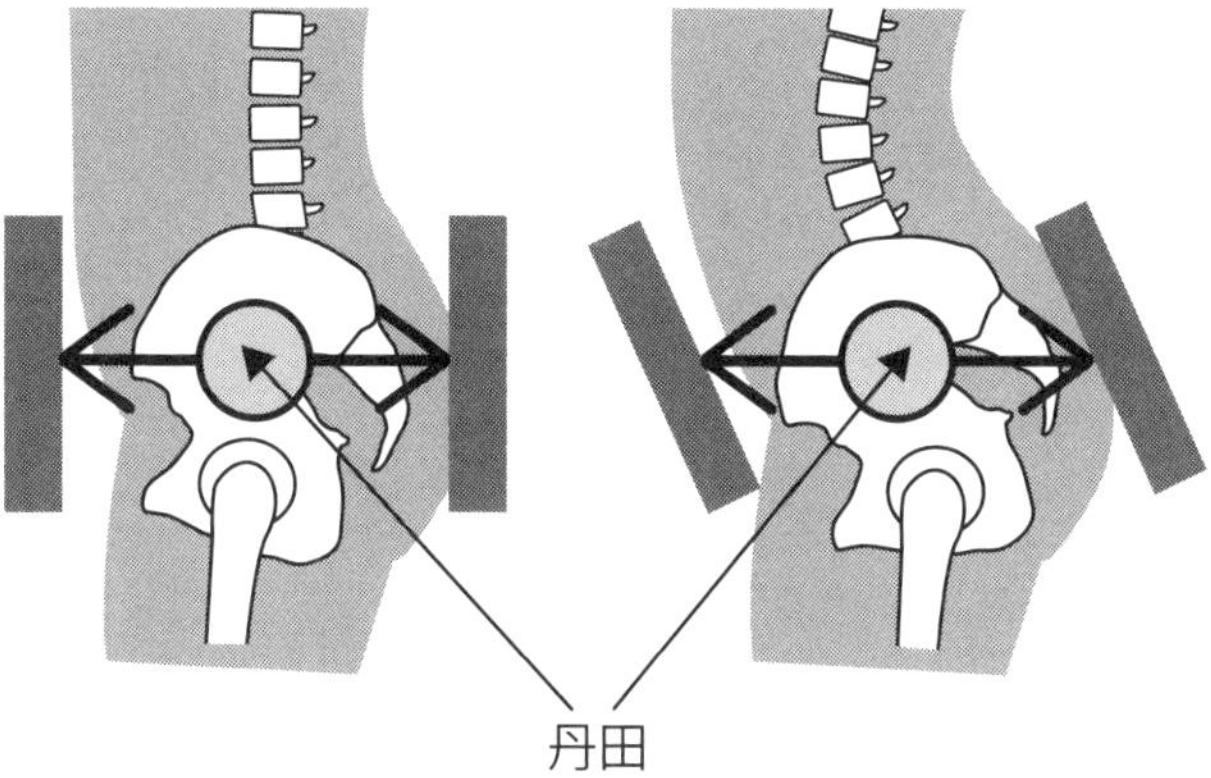

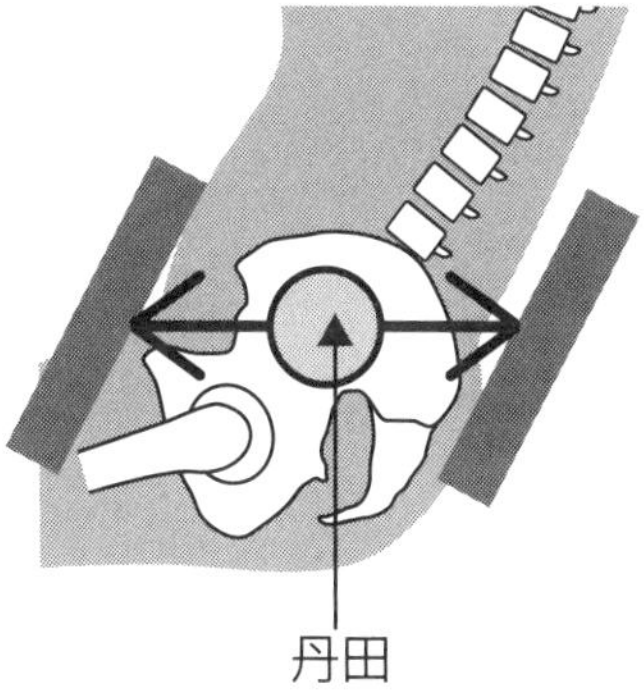

座っているときになりがちな姿勢

に圧を感じることができないからです。

さらに、図4の下の図は俗にいわれる「仙骨座り」で、反り腰の場合とは位置関係は逆になりますが、これも丹田に対して仙骨と下腹が相対しておらず、正しい圧をかけることができない位置関係にあります。

仙骨と下腹が正しい位置関係になければ、丹田に正しい圧をかけることができないため、丹田を意識することも、「練る」こともできないのです。

そして、先にも述べたように、「ウンコ我慢の姿勢」が腹横筋を鍛え、腹圧を意識できる構えなのです。

また、腹圧の強化を補うのが、心臓の裏の部位に当たる「胸椎の出っ張りの凹まし」になります。

「仙骨の締め」と「胸椎の凹まし」のバランスを見つけることが大切なのです。

さらに、仙骨を締めた姿勢を安定させるためには、肩甲骨の動きも重要です。わかりやすくいうと、肩が上がった状態を作らないということです。

仙骨を締める（腰を膨らませる）、同時に肩甲骨を腰に押しつけるように下げる。これが私のいうところの「背骨の絞り」であり、「体軸の絞り」となります。

「絞り」とは、相反する力を融合させることによって、より強固な力や安定を得ることができる動作のことをいいます。

そして、「絞り」は次に「脱力」という段階へ進みます。

肛門の締めと骨盤底筋群と仙骨

なぜ、ヨガや武道をはじめ、多くの分野で「肛門の締め」を重視しているのでしょうか。

人間の腹部は次頁の図にあるように、横隔筋を屋根とし、内部から腹横筋・内腹斜筋・外腹斜筋・腹直筋・広背筋を横の包み、骨盤底筋群を底として、一つの小包を形成するかのように内臓を守っています。

内臓を重力に逆らって支えるには、骨盤底筋群の強化が重要になります。「肛門の締め」は骨盤底筋群に連なっている括約筋を使うために、骨盤底を鍛えるにはもってこいの運動となります。

骨盤底筋群が弱くなって下に下がってしまうと、そこに乗っている内臓は本来あるべき位置よりも落ちてくるので、下に位置する内臓ほど圧迫を受け、本来の働きを失ってしまいます。

さらには丹田への圧力や意識をも失ってしまうので、決して衰えさせてはならない筋力

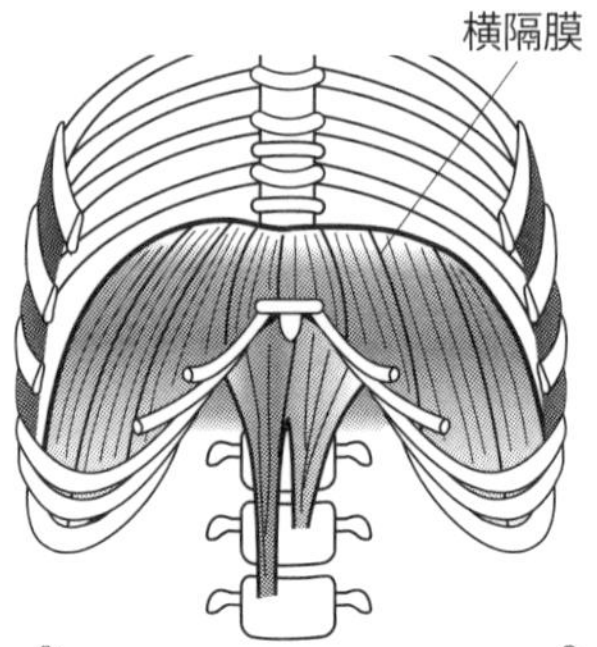

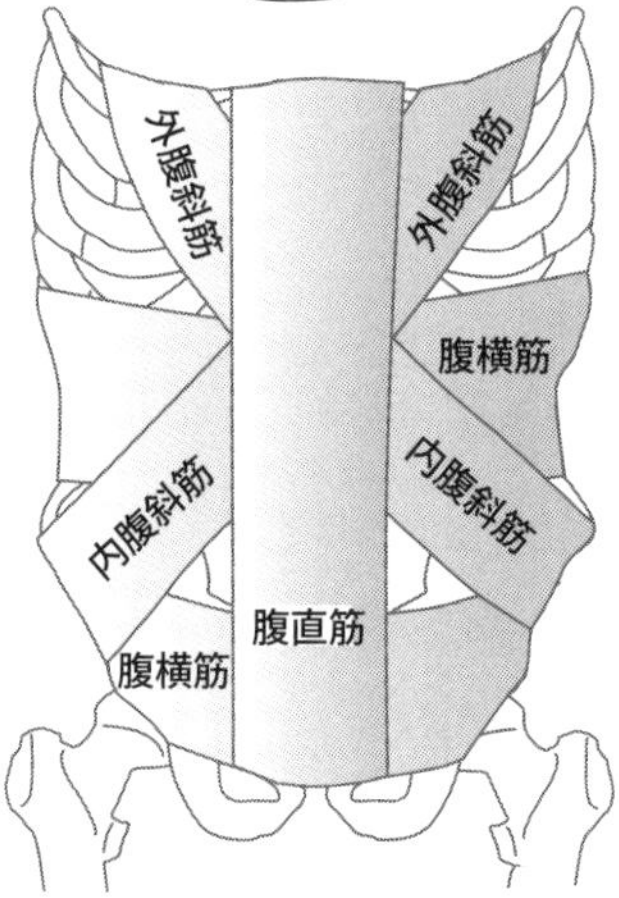

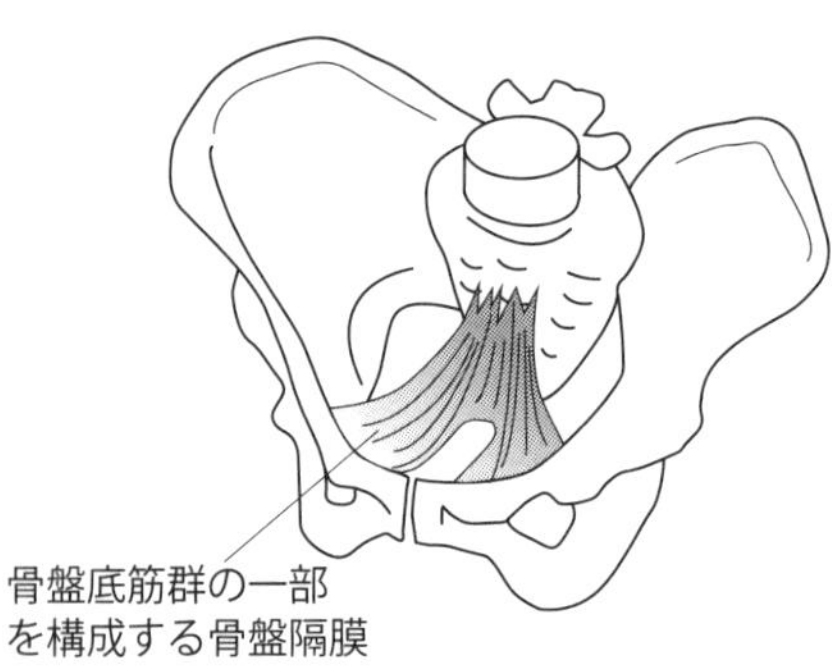

の一つとなります。

つまり、正しい姿勢のポイントでもある肛門を正しく締めることによって（ウンコ我慢の姿勢）、腹圧の強化につながり、その腹圧が意識を丹田へと導いていくことになるのです。

悪い姿勢は体の調和を失わせる

拙著『いつでも背骨』（小社刊）でも述べましたが、悪い姿勢は筋肉や軟部組織（腱、筋膜、皮膚、脂肪組織、血管、末梢神経など）を緊張させ、血液やリンパ液などの体液の流れを滞らせるために、凝りや張りという症状が現われます。

初めは気がつかない程度ではじまりますが、やがて肩関節や股関節、膝関節など大きな関節に痛みや変形が現われ、その影響は心臓などの循環系にも及び、呼吸は浅く速くなり、体の運動にもいろいろと不都合な影響を与えます。

そして、悪い姿勢は意識を「丹田」から遠ざけてしまいます。

人間の体の中心は丹田です。したがって、体のあらゆる動きの中心となるべき位置を丹田に近づけてやらなければ非能率的であり、美しい動きの表現ができないだけでなく、余分な力を必要とするために動きがアンバランスになります。

なぜなら、あらゆる動きの支点は中心から遠ざかるほど体にかかる負担が大きくなり、疲れやすく、調和のとれた動作になりにくくなるからです。

すべての芸ごとは、四肢、頭部、体幹の諸運動がいかに調和されたものになるかを目的としており、丹田を支点とした動作が行なわれたときにのみ調和は保たれ、効率的かつ優美になります。

あらゆる修行とは、この調和への道であり、その先へと続く足がかりだと思います。

昔から「手は小指、足は親指」といわれていますが、そこに意識をかけることによって肘と膝を体の正中線に近づけることを暗示し、重心も中心に集約されるようになります。

そこには重心と中心の調和があり、末端から中心へ導く方法と、中心から末端へ導く方法の調和があるのです。

支点と作用・反作用

体の動作はすべて中心に集約されるべきです。そうでなければ力は分散され、効率も上がらず疲労が溜まります。

空手、剣道、茶道、華道、能・狂言など、芸ごとの型、基本はすべて中心に集約されており、そのことこそが伝統を継続させ、いろいろな革新にも耐えうる力が宿るのです。

芸ごとをはじめるときは、胴体（体）よりも先に手足が動いてしまいがちです。俗に「小手先で○○する」といわれるもので、胴体から離して手足の動きを使ってはいけないという意味です。つまり、どこであれ体の一部だけを鍛錬したり、優位に考えてはならないということです。

一つの部位に力が入らないほど、結果としては力が発揮されているものです。それは全身を使うことになり、全身の力が入るからです。

体のさまざまな動作は、それぞれの関節を支点として作用・反作用の力が働くので、結果的に力が発揮されるのです。

したがって、体の中心が全身の関節の支点となりえたときに、全身的な力を効率よく発揮することができます。

逆に肩や膝など、中心から遠ざかった部位に中心ができてしまうと、全体のバランスが崩れ、余計な疲労をも招いてしまいます。

つまり、動作の支点が中心から遠ざかれば遠ざかるほど動きに不都合が生じ、中心に近くなればなるほどその本領を発揮できるということです。

そして、その中心となるところが丹田なのです。

丹田と構え

すべての芸ごとには「構え」があります。

剣道には剣道の構えがあり、書道には書道の、茶道には茶道の構えがあります。能・狂言の所作から楽器の持ち方まで、すべてのことに構えがあります。

構えには、「姿勢」と「意識」の両方が必要となります。

姿勢と意識によって体の重心を変えることができるのです。体のどこに重心（中心）を置くかによって、体の動作のすべてが変わってきます。

重心をどこに置くのか？

もちろん「腹（肚）」であり、「丹田」です。丹田に重心を置くためには、「姿勢と意識」が必要なのです。

たとえば相手がある競技で考えると、一般的な腹筋を固めた構えと丹田を意識した構えとでは大きな違いがあります。

空手やボクシングなど叩かれたり蹴られたりする種目では、叩かれてもいいように腹筋を鍛えます。

私なども40歳ころまでは、腹筋運動を５００回することとくらいは当たり前でした。まだまだできるのですが、お尻の皮が剥けてお風呂に入るときに痛いのでしなくなりました。

ほかにも「踊り」と名づけたものがあり、自分と同じくらいの体重の人間を腹の上に乗せ、水月《すいげつ》（みぞおち）の上で両方の足の親指で刺すように踏みつけて踊るようなこともしていました。

このとき、腹筋という屈筋を鍛えるだけでは耐え難いものがあります。腹筋だけではなく、腹圧を使わなくてはなりません。

また、構えのときに屈筋である腹筋を使う場合は、多少なりとも背中を丸めなければなりませんが、丹田を意識した腹圧を使った構えであれば、背筋を伸ばしたままでいることができ、姿勢を崩すことがありません。

前傾になった構えよりも、背筋がピンと伸びた姿勢のほうが優れていることは、誰もが認めるところです。

かの西南戦争のとき、両軍が一戦を交える寸前、お互いに腰が引けた格好になるので、後ろに立っていると前方がよく見えたという証言を読んだことがあります。

恐怖のあまりにそうなってしまうのです。

しかし、普段から姿勢のことを言っている私にしても、殴り合い程度では姿勢は崩れないでしょうが、刀を持った殺し合いの場面になれば、動物の本能で腹を隠すように腰が引けた姿勢になるに違いありません。

丹田と意識

人は緊張すると、屈筋が優位になると同時に、その場所に意識が行きます。たとえば、肩が緊張していれば肩に意識が行くし、首が緊張していれば首に意識が行ってしまうのです。

初心者は何かの動作をしようとするとき、動かそうとする部位を必要以上に緊張させてしまいます。その結果、ほかの部位との調和が崩れ、よいパフォーマンスができなくなるのです。

四肢《しし》、つまり両手・両脚を調和させるためには、その中心となる丹田の部位を緊張させなければなりません。

もちろん緊張を意識するのは初めのうちだけで、自然と腹部周囲や中心の丹田を意識する必要はなくなります。

そのような姿勢と意識ができるようになれば、おのずと足から頭まで通る一本の軸ができてくるでしょう。

私が丹田を意識するために今も行なっていることは、意識をどんどん下に下げていって、足裏を一つの到達点とし、さらには足裏のさらに下を意識することです。

今のところ、そのような意識の仕方で丹田がより充実してきたように思います。

座禅と構え

立った姿勢で正しく構えることと、座った姿勢で正しく構えることはまったく同じことです。

座った姿勢と立った姿勢に違いがあれば、それは間違いです。したがって正しく立つことができなければ正しく座ることもできず、正しく座ることができなければ正しく立つこともできません。

たとえば、剣道をしている人が正しい姿勢で構えることができれば、座ったときも正しく構えることができます。茶道などで正しく座ることができるならば、正しく立つこともできるはずです。

つまり、正しく立つことができれば、正しく座る稽古もしやすくなるということです。なぜなら、座った姿勢のままで立ったときの構えをすればいいからです。私はこの方法で正しい座り方を学びました。もちろん逆でも同じことです。

「立つ」、「座る」ことには大切な共通点があります。共通点を守らなければ両方ともできません。

両方の構えに共通することとは、「腰・腹同等の圧をかける」ということです。そして、圧がかかった腰に向かって、「肩甲骨を左右に開いた状態で腰に押しつける」ようにイメージすることです。

たったこれだけのことですが、意外と難しいものです。

座った状態でも、脚が下に伸びていて立っている姿勢をイメージすると、正しい腰の位置がわかると思います。

後述しますが、私の場合は「逆腹式呼吸」で意識を下まで落としていきました。

丹田は円の中心

レオナルド・ダ・ヴィンチが描いた「ウィトルウィウス的人体図」は、誰もが一度は目にしたことがあると思います。

この図は、建築家ウィトルウィウスの『建築論』をもとに１４８５～１４９０年ころに描かれたもので、両手脚の位置が異なる男性の裸体が重ねられています。そして、真円と正方形の外周に男性の手脚が内接しています。

この絵は「プロポーションの法則」、「人体の調和」と呼ばれることもあるようです。ウィトルウィウスによれば、神殿建築は人体と同様に調和したものであるべきだということです。

この人体図からも見てとれるように、全身の運動は球体の動きであることが理想的で、重心が中心にあることが安定の大前提となります。

柔道の神様といわれる三船久蔵十段も、弟子たちにボールを見せて、「このようにならなければならない。ボールは決して転ばない」と指導していたようですが、ウィトルウィウスの人体図と同じことを言っているのかもしれません。

当たり前のことですが、重心が中心から外れるほど、体の運動は円滑に行なわれず、疲れを招き、姿勢を崩してしまいます。その姿勢が継続されると体に歪みを招き、さらには病を招くことになります。

疲れを招きやすい姿勢をとらないことが重要であり、そのためにも肩甲骨と股関節には特に気をつける必要があります。

「ふんどしを締め直す…」という言葉がありますが、骨盤の開きを防ぎ、内臓の下垂を抑えることによって、疲労を軽減することを経験則として知っていたことの表われではないでしょうか。

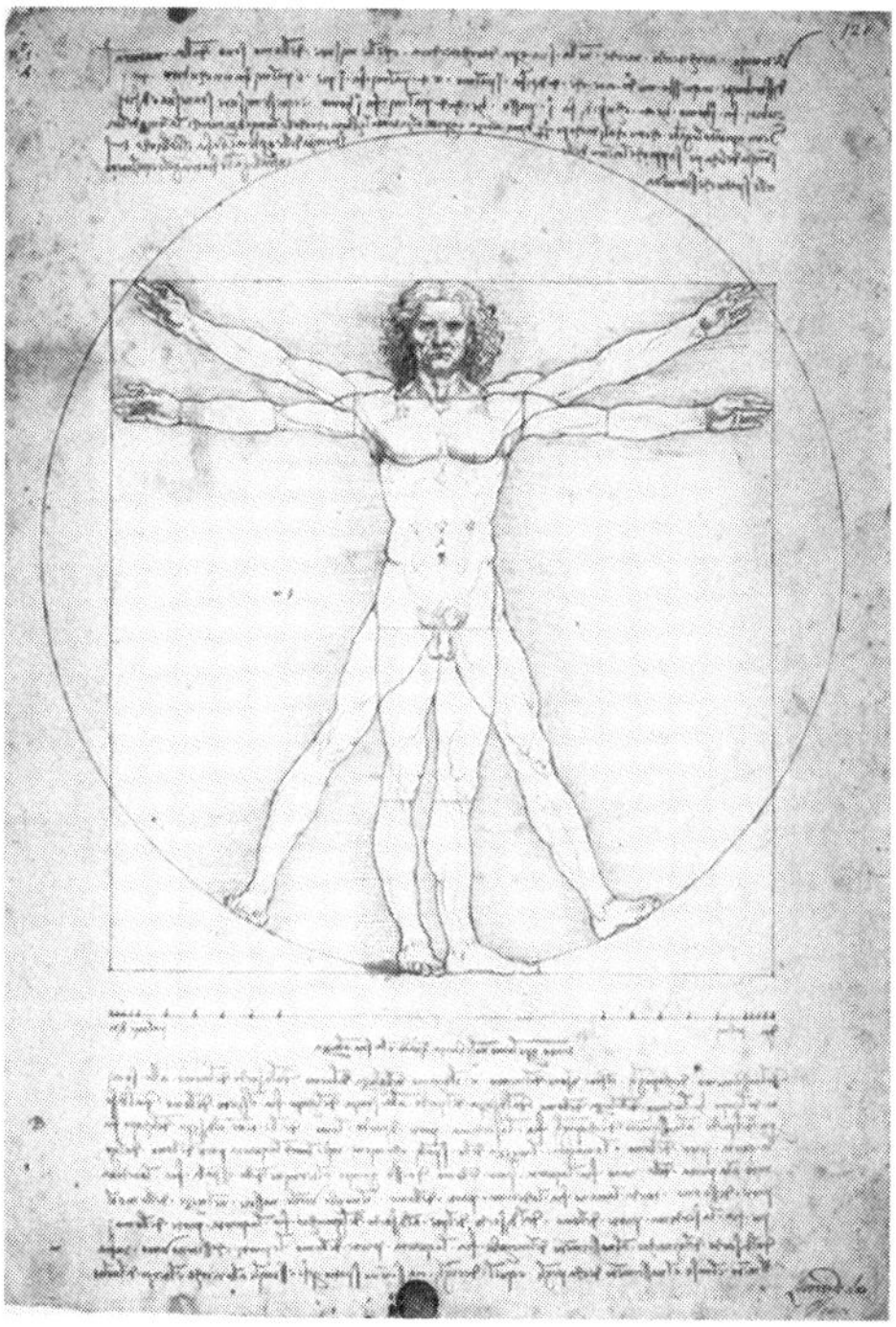

レオナルド・ダ・ヴィンチによる「ウィトルウィウス的人体図」

「ウィトルウィウス」の人体が内接している円の中心はヘソであり、正方形の中心は丹田の部位にあたります。

ここに描かれた円は精神的な存在を表わし、正方形は物質的な存在を表わしているともいわれますが、私たちが生活しているこの物質的な世界の中心が丹田であることは興味深いです。

私としては意識の置き場所が問題であり、絵に描かれた体の中心は身体の形状などにもよるので、あまり重要視しておりません。

しかし、丹田が体の動きの中心的な役割を担わなければならないことは間違いないと思います。実際、丹田が中心になってこそ手足のバランスがとれ、調和することができます。

体の中心が「胸」、「肩」、「手」と中心から遠ざかれば遠ざかるほどバランスが崩れ、不安定になります。そして、動きの調和もとれず、ほかの部位にも余計な力みが入るので軸が崩れやすくなります。

特に体の動きを考えたとき、この「円」は「球体」であるべきで、その球の中心が丹田となり、「そこを中心としてあらゆる方角へと力を伝えるべきである」といえます。

武術や格闘技などで相手と対峙した場合、球の中心を丹田とすれば攻撃と防御の両方について、上下・左右の動きがスムーズになることがわかるでしょう。相手にとっても、自分が対峙する球の中心を突くことは非常に難しくなります。

正方形のように面で対峙してくれると、どこを突いても同じような反応・反作用が期待できますが、球だと自分の力を伝えうる場所は「点」しかなくなります。ほかの部位でも力を伝えることはできますが、逃げる力も多くなってしまいます。

つまり相手と対峙したときは、相手が正方体で自分は球体であることが理想的な形なのです。相手は点を攻撃することは難しく、それ以外を攻撃したとしても最大限の力をぶつけることができないからです。

重心と意識

体の血管と神経は仲のよい夫婦や兄弟のようなもので、いつも一緒に行動しています。「血液」と「気」も同様であり、「血液は気の母、気は血液の師」といわれています。

私は「重心」と「意識」も同じように、「重心は意識の母、意識は重心の師」であると思います。

重心の位置は一般的にも低いほうがいいと考えられています。縦に長い物を地面に置く場合でも、上方が重いより下方が重いほうが安定します。

また、人前に出て緊張すると「上がった」り、「のぼせた」状態になり、怒り心頭に発すれば「逆上」して、意識が上へ上へと上がって血流が頭部へ集中します。いわゆる「頭に血が上った状態」です。

顔面は紅潮し、血圧も上昇し、精神状態は宙に浮いた状態になって落ち着きがなくなり、何か話す場合でも説得力に欠けた状態を生みます。

逆に、重心が下に向かうほど血液は下向きに流れ、脳への血流過剰にもならず、安定感を得られて精神的にも落ち着いてきます。

つまり、人間のあるべき姿としては、上半身の余計な力みをなくし、下半身を充実させた「姿勢」、あるいは「構え」ということになります。構えは体勢だけではなく、何かをしようとしたときの「心構え」も含みます。

この状態を「上虚下実《じょうきょかじつ》」といいます。

「緊張する」状態は、意識が上半身にあります。また、緊張とは伸筋ではなく屈筋が優位になっている状態でもあります。

逆に「肚《はら》が据わっている」、「肚ができている」という言葉があるとおり、下半身に意識が置かれている状態は、人は無意識のうちに褒め言葉として使っています。

現代はパソコンやゲーム、スマホの時代となり、日常生活の仕事や人間関係でも頭が優位になることで、重心が上半身に集中しやすくなっています。

個人主義という一方、誰かとつながっていなければ不安になるという矛盾を抱え、重箱の隅をつつくような些事を声高らかに謳い、当たり前の大枠のことを忘れて、「今だけ・金だけ・自分だけ」という「3だけ主義」に陥っています。

現代こそ、わがままな「頭」を忘れて、〝第二の脳〟ともいわれる「腸」の位置にある「丹田」に身を委ねることを学ぶ必要性があるのではないかと考えます。

上半身優位の状態が、心の病を呼び寄せていることを忘れてはなりません。

重心を下げる

何か相手と対峙しなければならないようなとき、戦う場合や説得する場合などさまざまなケースがあるでしょうが、そういうときは自分の重心が下にある状態を作っておくとよいでしょう。

難しいかもしれませんが、相手の重心を吊り上げる技を持っていると、より優位になることは間違いありません。

重心は低いほうが倒れにくく、高いほうが倒れやすいからです。

誰もが知っているはずのことですが、多くの人が「重心」を忘れているように思われます。たとえば、今の柔道は力の強い外国勢と競わなければならないので、腕力をつけることが重要視されています。

腕力を使うとは力を使うことです。力を使うということは、その部位に意識が行くということになります。

先述したように、重心と意識は兄弟のようなものですから、力を使うために意識を腕に集中させると重心は胸まで上がります。

その結果、胸の高さまで相手を吊り上げなければならないので、姿勢を低くすることによって調節しようとします。

また逆に、相手の投げ技を防ごうとして腕で逆らうと重心が上がるため、相手にとっては投げやすい状態になってしまいます。

自分の重心を氷嚢や雨だれのように下膨れの状態にすると、相手にとっては重くなり、担ぎにくくなることがわかるでしょう。

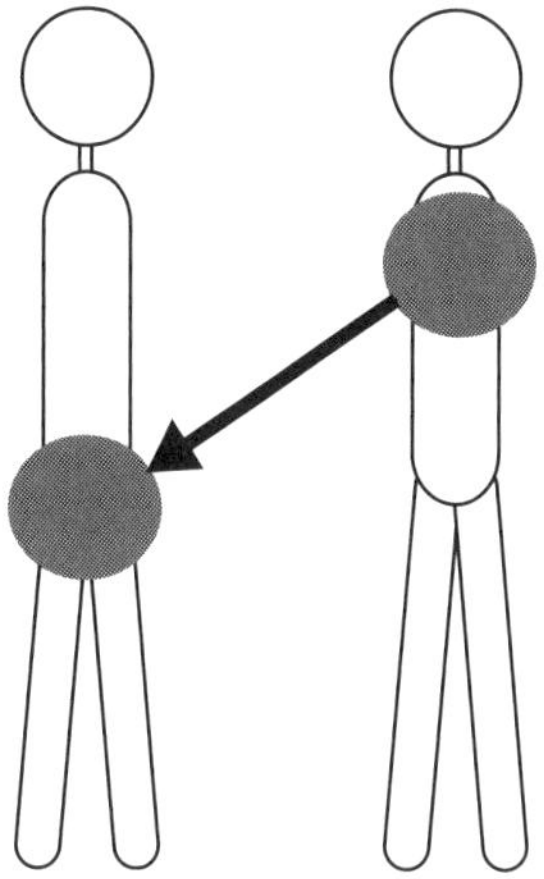

つまり、重心が高い位置にある人が重心が低い位置にある人を担ぐ運動量と比べると、重心が低い人が高い人を担ぐ運動量のほうが、はるかに少なくてすむということです。高い位置にある重心は、低い位置の重心へと引きつけられるからです。
体を地面で支えているのは足ですが、足の裏にかかる正しい重心の位置は内果《ないか》、つまり

内側のくるぶしの下といわれてます。

ここに重心がかかるということは、膝の下にある2本の骨のうち太いほうの脛骨《けいこつ》を使って立つということを意味します。

近ごろは細いほうの腓骨《ひこつ》を使って歩く人が増えているので、疲れやすいのは当たり前ともいえます。

重心、つまり丹田と爪先の関係ですが、丹田まで意識が下がると足の爪先は自然と正面を向きます。

よく足の先を「ハ」の字に開いて歩く人がいますが、よい歩き方とはいえません。

私にも理由はよくわかりませんが、上半身の力が抜けて（脱力）、丹田が充実してくると爪先が正面を向いてくるのです。

意識を丹田まで下げるときは、同時に肩甲骨の下の部分を腰に押しつけるように意識し、腰を膨らませなければなりません。肩甲骨の下の背骨を凹ませることと、腰を膨らませるバランスが重要なポイントになります。

このバランスが上手くいくと、背骨は「絞り」ができた状態で真っ直ぐになります。もしかすると、このバランスが足の指先の位置を正常にするのかもしれません。

私の爪先が真っ直ぐになったのは、重心を足の裏に落とすことができてからです。詳細な因果関係は解明できていませんが、事実です。

昔、剣術の道場破りにきた人の腕を見極めるとき、「草履の踵を見て外側が偏って減っていたら相手をして追い返し、踵が均一に減っていたら、金銭を渡して道場主は留守と言って帰す」、このようなことが行なわれていたと何かの書物に書いてありました。

この話からわかることは、踵が均一に擦り減っていたら腕が立つということです。

逆にいえば、腕を上達させるためには爪先が正面を向くように稽古をしなければならないということです。

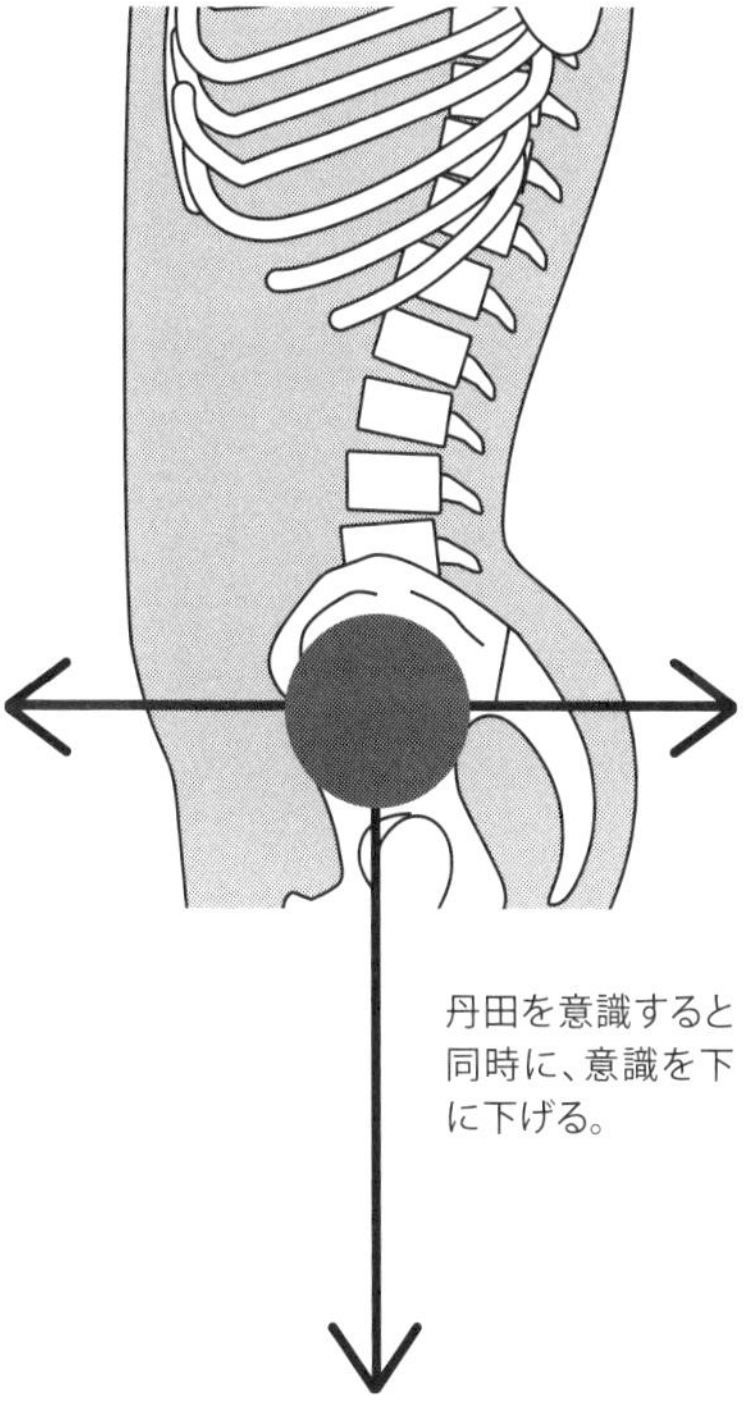

丹田を意識すると同時に、意識を下に下げる。

したがって、重心を下げ、丹田を充実させなければならないのです。

また、腹圧も下腹への圧だけではなく、同等の圧を背中にもかけなければなりません。丹田部分に風船を入れて膨らませていくイメージを持つと、腰と下腹が同じように膨らむイメージを持つことができます。

体の安定をより図るためには、意識はさらに下げ、最低でも大腿部までは落としたいものです。目標は足の裏です。

私の経験では、意識が下がれば下がるほど丹田は充実してきます。

「はじめに」でも述べましたが、以前は「脚」を重要視していた時代から「肚」を重要視する時代に移り、「胸」、「頭」へと価値観が上へと向かってしまった現代は、大きな意味では重心が上がってしまった時代といえるでしょう。

今や「重心」や「腹（肚）」といった言葉はほとんど死語になり、気にかける人もいなくなりました。

しかし、少なくとも本書を手に取った人は意識されているでしょうし、多くの人に丹田や肚、重心の大切さを理解していただきたいと思います。

背骨で叩くとは？

叩くという動作は通常「手」を使うわけですが、「肩」を中心として叩く場合と「腰」を中心に叩く場合とではまったく別のものになります。

そして、本来ある肩の位置を肩としてとらえて動くのが一般的ですが、肩甲骨の内側から肩があると意識できるようになると、右半身や左半身が全体として動きます。すると、より背骨の近く、体の中心に意識を持っていくことができるようになります。

つまり、腕という一つのパーツだけではなく、全身の半分を使うことができるようになるということです。

このように意識して叩くことが「肩で叩く」ということです。

そして、体の半分（半身）を使い切るためには、「腰」という支えが必要になります。これが「腰で叩く」という意味であり、丹田を中心とした動きができるということなのです。

「腰で叩く」ということは、「全身で叩く」、「体重移動で叩く」、「腕のみを使うのではなく半身を使う」と言い換えることもできます。

右半身を使うにも左半身を使うにも、その動きを支えるのは腰であり、腰の中心こそ丹田になります。

こうした一連の「叩く」という動作を「背骨で叩く」というわけです。

ギヤを入れ替える

人が体を動かすときは、動作にもよりますが、そのほとんどは手や足を使います。手や足を使って、何らかの形で自分の動きを伝えようとするのです。

そのとき、一般的に手の場合は肘から先、足の場合は膝から下というように、「小手先」の動作をしてしまいます。

しかし、スポーツや武術などの心得がある人は、少し慣れてくると手の場合は肩・肩甲骨へ、足の場合は股関節へと意識が行くようになります。つまり熟練するにしたがって、同じ動作をするにしても意識が中心へと向かうのです。

左の図で示すように、人間の体を「1」を中心として真上から見た場合、「3」の円周のラインが小手先のラインです。「2」のラインは肩・肩甲骨や股関節のラインとなります。そして、「1」のラインが丹田となります。

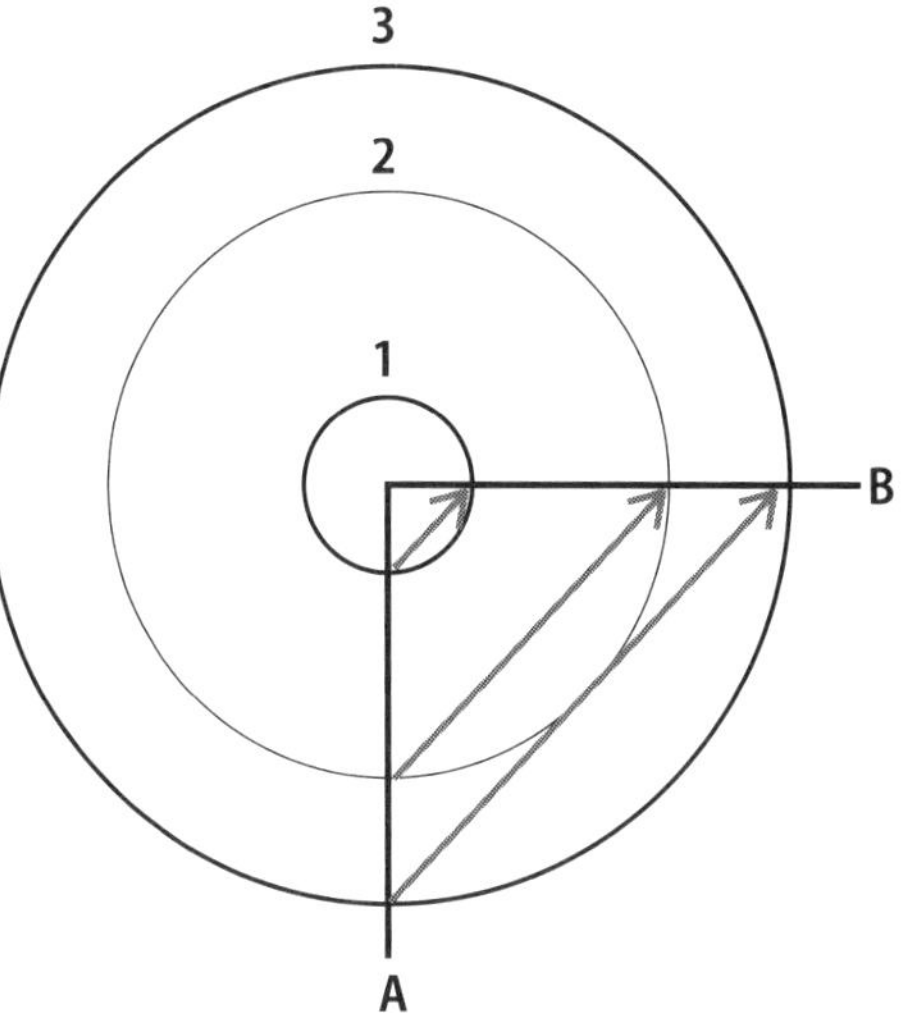

動作をするとき、なぜ体の中心に向かうことがよいのでしょうか？

図のAの位置からBの位置まで手や足を動かそうとしたとき、「1」・「2」・「3」の円周上にある2点を結ぶ矢印の長さを比較してみてください。

「1」の円周のラインを意識できれば、最短の動作で「3」のライン上の矢印の長さを動かすことができます。

簡単にいえば、「1」のラインの意識で動いている人の動きは、「3」のライン上で動いている人にはついていけないということです。

習いごとなどでも、たいていの人は「2」や「3」のライン上でいかに速く、いかに強く、いかに上手く動くかを考えて練習しますが、同じ力量の人が「1」のラインで動くことを会得すると、ほかの人はまったくついていけなくなります。

丹田を意識して動くということは大切なことなのです。

丹田周囲と四肢の関係

私は野球にはまったく興味がなく観たこともなかったのですが、メジャーリーグに行く前の日本ハムファイターズの大谷翔平選手について、ダルビッシュ有投手と田中将大投手がインタビューされているのをたまたまユーチューブで観ました。

そのときのダルビッシュ投手の発言の中に、「大谷選手の投げ方は末端を中心にして動いている。体の軸を中心にして、末端は脱力している状態でないとキレのある球は投げられない。そうじゃないと、160キロの球でも打たれてしまう」という趣旨のものがありました。

つまり、大谷選手は小手先で投げていたというのです。そこを改善すれば活躍できるとダルビッシュ投手は指摘していました。その後の大谷選手の大活躍は周知のとおりです。

また、イチロー氏が同じく元日本ハムファイターズの選手で、今は日本代表監督の稲葉篤紀氏と話している動画も観ましたが、イチロー氏は、「腰が回転するから手が勝手についてくる。それには骨盤や肩甲骨の動きが大事だ。人はどうしても股関節が開いてしまう。肩に力が入っているときでも、上半身だけ力を抜いてもダメで、膝の力を抜かなければならない。膝の力が抜ければ肩の力も抜ける」と話していました。

いずれにしても、体を動かすときには軸をどこに置くかが大事であり、体幹が重要であるということを語っています。

さらに、私は音楽の「お」の字も知らないのですが、ドラマーの全身にセンサーをつけて、体のどの部分が一番使われているかを調べる動画を観たことがあります。

すると、ドラマーの腰の部分、つまり丹田周囲だったのです。丹田周囲が一番赤くなっており、もっとも多く動いているはずの手足はそれほど赤くなっていませんでした。

スポーツや演奏に限らず、おそらくどんな実技でも一流の人の言うことは同じで、体の軸、体幹、丹田周囲から出てくる力でなければ本物ではないということだと思います。

書籍『7つの意識だけで身につく強い体幹』、『「4つの軸」で強い武術！』（ともに小社）でも述べましたが、すべての力は、上半身においては腰から脇を通り、肩甲骨・肩から肘・手首へと行き、下半身は腰から股関節・膝を通り、足首・足の親指へと行かなければなりません。

「剛と柔」でいえば、丹田の部分は「剛」であり、手や足に行くにしたがって鞭のような動きとなり、「柔」であることが正解ということです。

そうでなければ長時間の動きには耐えることはできないし、ましてやよいパフォーマンスなどできるわけもありません。

昔から、「足は親指、手は小指」といわれるゆえんもそこにあります。小指を意識して握りを強く使うことにより、両肘は自然と正中線に寄ってきます。人差し指を優位に働かせると肘が正中線から離れ、力が体から分離しやすくなってしまうのです。

同じく膝も、足の親指を優位に働かせることによって正中線に近づく働きがあります。小指に体重を乗せるとO脚となり、力が体の軸から外側に逃げてしまって、軸を支える土台ができなくなります。

最後の章でも紹介しますが、丹田を鍛えようとするとき、体を動かさずに行なうのは賛成できません。

腕や脚を動かしながら意識するのがよいでしょう。そうしなければ丹田と他の部位との関連性を身につけることができないからです。

丹田とは「中心となるところ」という意味ですから、その中心の存在や中心の力を手や足などの末端に伝えるためには、首・肩甲骨・肩の位置、肘の絞りから小指の締め、股関節の絞りから膝の移動、足の親指への重心など、さまざまな条件をクリアしなければなりません。

それぞれの部位の条件に合うように一つひとつを作り、すべてをつなげて一つの動きとしてとらえられるようにします。

箇条書きにすると下のようになります。

体の各部位の作り
↓
丹田を作り出す姿勢の作り
↓
重心の安定
↓
呼吸と意識
↓
すべてを一つの動きにまとめる

もう一つレベルアップのために

丹田を意識できる姿勢は決まっています。少なくとも猫背のような悪い姿勢では正しく丹田を意識することはできません。

ここでもう一度、簡単に丹田を意識するための正しい姿勢の作り方をチェックしてみましょう。

初めに来るのが、「仙骨（骨盤）の締め」（ウンコ我慢の姿勢）です。この姿勢をすると基本的に猫背になってしまいます。

そこで次に来るのが「首の後ろ固定」で、いわゆる「アゴを引く」というものです。勘違いしてアゴを首につける「頷き動作」をする人がいますが、アゴを引くとは耳を肩に乗せる動作をいいます。

仙骨の締めや首の後ろ固定は、いずれも背骨の歪曲を少なくする、背骨の遊びをなくす動作です。私はそれを「体幹の絞り」といい、体幹の縦の軸を作る絞りとなります。

もう一つ、横の軸の絞りを作るために肩甲骨を下げ、膨らませた腰に押しつけるようにします。肩甲骨を腰に押しつけようとすると、自然に左右の肩甲骨は近づこうとします。しかし自然な動作に逆らって、肩甲骨を左右に広げるのです。

最初は辛い動作になると思いますが、自分の自然体になるまで稽古すると横の軸となります。

縦の軸と横の軸が同時に意識できるようになると、背中に十字架を背負ったような意識になります。

別にキリストの信者になりなさいというわけではありません。縦の軸のラインと横の軸のラインの形が十字架をイメージさせるからです。

次に来るのが「重心」です。十字架を背負うだけでは「脱力」はできません。脱力ができるようになれば、おのずと丹田は意識されます。

この状態ができれば、相手の重心を浮かせることができるようになるはずです。つまり自分は重く、相手は軽い状態を作り出すことができるのです。

このときに大切になるのが「ウンコ我慢の姿勢」、つまり「腰を膨らませる」と同時に「肩甲骨を下げる」バランスです。このバランスが少しでも崩れると、相手を自分の肚に乗せることができません。

2・8の法則

「2・8の法則」とは「ユダヤの法則」あるいは「パレートの法則」ともいい、「働きアリの法則」とも類似していますが、要するに全体の8割の利益は2割の者によってもたらされるということです。

これは企業の利益や商品の売り上げなど、あらゆることに適用されるようですが、地球の陸と海の比率のほか、人間の腸内の善玉菌と悪玉菌（＋日和見菌）の比率の理想形などにもあてはまるそうです。

そして、爪先と踵にかかる体重の比率も、爪先2割、踵8割が理想だといいます。しかし、現代人は爪先8割、踵2割と思われるほど、前方に重心が傾いているようです。

重心と意識のあり方を考えると、足にかかる理想の体重の比率が爪先2割で踵が8割ということは、体の正面側の意識が2割で、背中側の意識が8割の状態が正しいともいえるのではないでしょうか。

ピアノの演奏から、能、茶道、演劇、武道まで、あらゆる習いごとでも背中を意識するように説いていますが、これは伸筋である背中を意識することで腕や脚の伸筋を優位に働かせる必要があるからです。

屈筋である正面に意識を置くと、腕や脚の屈筋にまで影響を及ぼし、よいパフォーマンスができなくなります。

まさに「正面意識は2割、背中意識は8割」は正しいのです。

空手などの格闘技でも、意識を後ろに持っていくか前面に出すかで、相手の受ける印象は変わります。

たとえば背中側に意識を持っていけば、「待ち」あるいは「受け」の気持ちになり、相手にとっては懐に入りやすい状態となります。

逆に前面に持ってくると「攻撃」や「威嚇」となり、相手にしてみれば「恐い」、「近寄りがたい」といった印象になります。

意識をどこに置くかによって、すべてが変わってくるといってもいいでしょう。意識を変えてみてください。

また、丹田や重心から考えても、ヘソから下の下半身の意識が8割、上半身の意識は2割であることも大切です。医学的にも下半身の筋肉は全体の7割〜8割とされています。

ウェイト・トレーニングなどで上半身が異常に発達し、上半身と下半身の筋肉量の比率が5割・5割の人がいますが、見た目は格好がよいかもしれませんが、健康的には不自然であり、やがては加齢とともに自然に2割・8割に戻っていくようです。

上半身と下半身の筋肉量の比率は血圧とも密接に結びついており、上半身を鍛えていればいるほど、筋肉が衰えたときには血圧が高くなりやすい傾向があります。

意識も筋肉量も、やはり上半身2割、下半身8割が理想だと思われます。そして、こうした「2・8」の比率が自然体となったときに「脱力」もできるのです。

また、立位の姿勢や動く前の姿勢が2・8の法則に適っているとしても、人間は動こうとした瞬間に意識が前に出やすいものです。

つまり、正面の意識が8になり、背中の意識が2になってしまいます。ほとんどの場合に上下の関係も崩れて、上半身への意識が強くなってしまいます。

これでは武道などで技はかからないし、本来のあるべき姿勢とはいえなくなります。

静止しているときだけではなく、動きの中でこそ2・8の法則が必要であり、その姿勢を自らの自然な姿勢として維持したいものです。

スクワットでも2・8の法則を使う

ちなみに、ヒンズースクワットは運動している人であれば誰もが知っていると思いますが、下半身の筋肉を鍛えるための屈伸運動のことです。

大腿部の外側の筋肉と内側の筋肉とでは、加齢とともに衰えやすいのは内側の筋肉です。よく温泉や銭湯などで、高齢者の太腿の内側の筋肉が削げ落ちているのを見ることがあります。

東洋医学的には内側の筋肉は内臓と関係があり、内側の筋肉が落ちると内臓にも活力がなくなるといわれています。

ここで一つの方法を紹介します。スクワットをするとき、爪先と踵にかける体重の比率を爪先2、踵8にするのです。

すると自然に背中側に多くの意識が行くことになり、正面と背中の関係も2・8の関係になります。そして負荷が太腿の内側にかかり、内側の筋肉が落ちにくくなります。

重心を下げ、丹田を意識するためにも試してみてはいかがでしょうか。

第2章

健康のカギを握る丹田

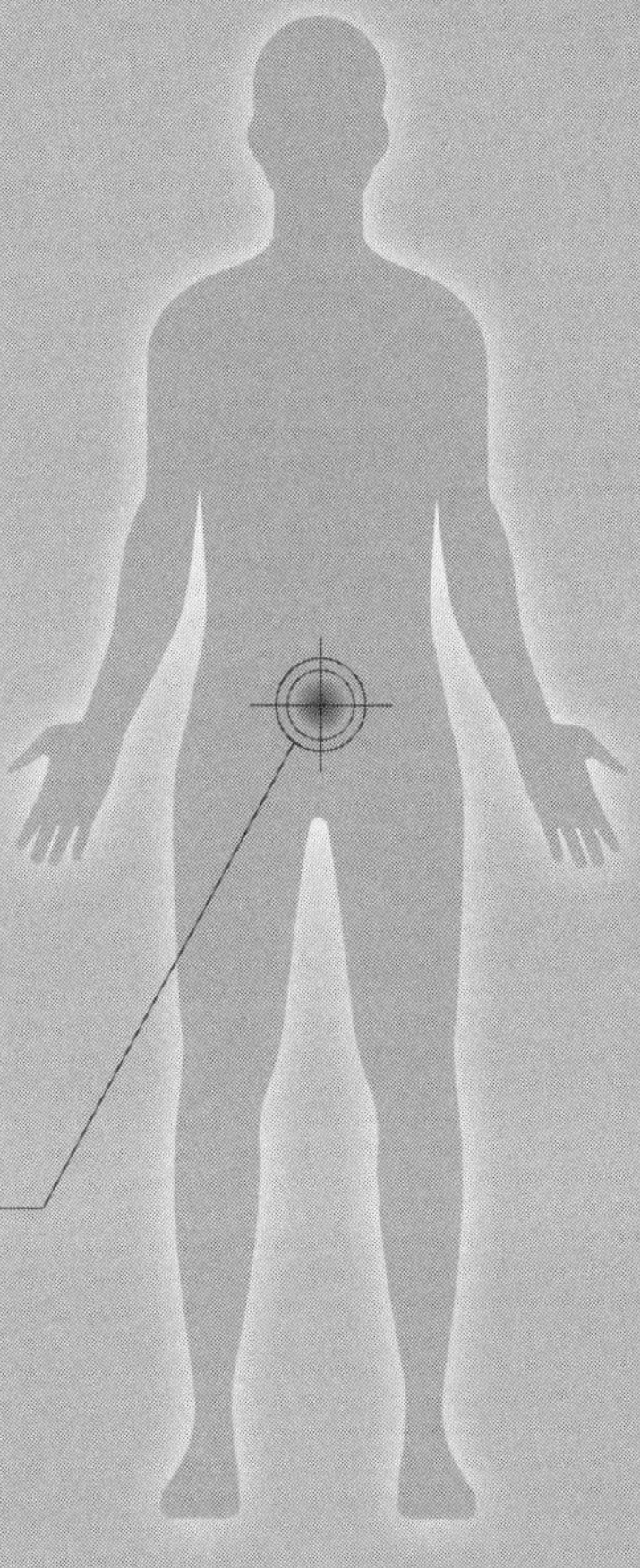

正しい姿勢と健康

丹田は健康にどのように影響しているのでしょうか。

丹田は、「肉体」と次章で述べる「精神」の両面から影響し合っています。

肉体から見た場合、丹田を意識することは正しい姿勢を導くことになります。逆に正しい姿勢がなければ、丹田を意識することや、丹田を生み出すことはできません。

つまり丹田と健康の関係は、肉体でいえば、「正しい姿勢が健康に与える効果」ということにもなります。

そして、丹田の位置する臓器への影響も大きいといえます。その臓器とは「腸」です。「腸は第二の脳」どころか、現代では『腸と脳』の著者であるエムラン・メイヤー氏や、日本の藤田紘一郎ドクターのように、「腸は第一の脳である」とする研究者も出てきております。

丹田を意識することは、ある意味では腸を意識することでもあるのです。これは後ほど詳述します。

丹田にとって、いかに正しい姿勢が大事であるか前章で述べてきましたが、正しい姿勢と病気はどのような関係があるのでしょうか。

ここで、「操体法」という健康法を考案・体系化した橋本敬三医師を紹介します。橋本医師は「未病」と姿勢について、おおよそ次のようなことを述べています。

未病と姿勢

本来、医療とは発病した者を回復させることでした。しかし、東洋医学には「未病」を治すという考えがあります。

そして、そのカギは「姿勢」にあるというのです。

健康が損なわれる過程を考えると、知らないうちに徐々に進行していき、そのうち感覚的に異常を自覚するようになります。

身体的に異常な感覚を継続的に意識するときは、健康に対する何らかの赤信号を発しているということです。そのまま進めば病気になります。

姿勢も同じであり、姿勢に歪みがあるということは、その部分にストレスを起こすということです。

局所の歪みはやがて全体のストレスを招くことになり、内臓や中枢神経系にもさまざまな影響が及ぶことになります。

未病とは、いまだ病名がついていない状態をいいます。

つまり、「このままでは病気になってしまうぞ」という状態に気づくことが大事になってくると、橋本医師はいうのです。

まことにもっともな話ではないでしょうか。

骨格の歪みにしても、積み木を積むときに下が一つずれると、そのバランスをとるためにどんどん上までずれていくのと同じことが起こります。

そして本来、真っ直ぐで無理のないところを通るはずの血管やリンパ管、神経などが歪みの中を通って行かなければならなくなります。

すべての内臓諸器官はあるべき定位置にあってこそ、本来の機能を負担なく発揮できるということは誰にでもわかることです。

足首や膝が痛い状態で走らなければならないときは、それをかばうために他の部位に過剰な負荷がかかり、緊張や硬直を招いてさらなる歪みをもたらすことは、大なり小なり誰もが経験していると思います。

悪い姿勢の影響

姿勢が悪いということは、骨や筋肉、内臓が本来の位置から外れていることを示し、いろいろと不具合が発生することは避けられません。

あらゆる歪みは、それが一部分であっても他のところに連鎖していきます。歪みがあるところには血行不良が起きて、さまざまな病気の引き金にもなります。

単純に考えても、心臓や肺が収まっている胸の空間（胸郭）が、広い空間を保っている場合と、猫背などによって空間が狭くなっている状態とでは、心臓や肺の働きに違いが出てくるのは当然のことでしょう。

お腹の空間（腹腔）にしても、広い場合と狭い場合とでは、中の内臓への影響が違ってきます。圧迫された空間で仕事を押しつけられるのと、ゆったりとした空間で仕事をすることの違いといってもいいでしょう。

悪い姿勢の代表例として「猫背」や「前かがみ」がありますが、それだけのことでも以下のような症状や病気へと移行する危険性があります。

- **内臓下垂**
- **内臓の不調**
- **頭痛**
- **肩凝り**
- **腰痛**
- **肺呼吸の減少**
- **逆流性食道炎**
- **自律神経失調症**
- **うつ病をはじめとするメンタル面への影響**

これらはまだ軽いほうかもしれませんが、年齢を重ねることによって深刻な病気になることも考えられます。

重力の影響

重力は、体にもっとも影響を及ぼす要因の一つです。

歳をとると筋肉量が減り、そのぶん脂肪に変わるか、張りをなくしたぶんだけ皮膚にタルミが出てくるか、二者択一を迫られることになります。

この世には重力があるのですから、細胞の保水力がなくなってたるみが出るのは仕方のないことです。

さて、体の臓器の中でもっとも重力の影響を受けやすいところはどこでしょうか。

それは大腸です。特に体の中で右から左へ何の支えもなく横に伸びている横行結腸は、重力の影響をもっとも受けやすい部位となっています。

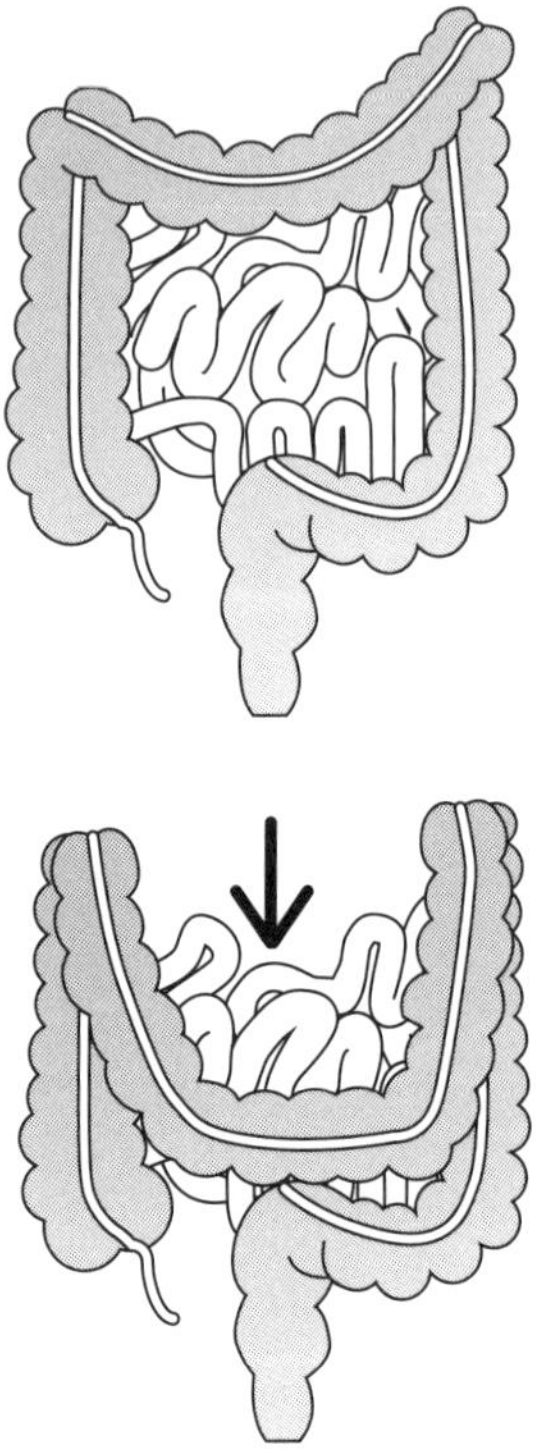

重力で下がった横行結腸

胃下垂や内臓下垂という言葉を聞いたことがあると思いますが、上の臓器が下がると、下の臓器は上からの圧力と重力によって押し潰されるように下がっていきます。

簡単にいえば、横隔膜が下がれば胃が下がり、横行結腸が下がれば腸全体が圧迫を受けて、膀胱が押し潰されるという具合になります。

女性の場合ですと、腸の圧迫によって子宮が前屈症や後屈症になり、便秘が起こりやすくなるほか、子宮の中に卵巣から卵子がスムーズに入りにくくなる環境を作り、不妊や生理痛の原因になる可能性もあります。

丹田と内臓の関係

物を持ち上げるときは、腹圧を高くして持ち上げるようにすると、腰を痛める危険性が少なくなります。

これは「バルサルバ効果」といって、一般の人が腰の部分的な筋肉のみを使って物を持ち上げるのに対し、腹圧をかけることによって「棒状」の支えではなく、「筒」としての支えを活用できるからです。

また、息を吸いながら物を持ち上げる人はいないはずです。必ず吐くか、止めるかのどちらかで行ないますが、多くの人は息を止めていると思います。

なぜなら、息を吸うという動作の主役である横隔筋は、背筋群や腹筋群とは拮抗筋の関係にあるからです。拮抗筋とは、筋肉運動をするときにそれぞれ反対の動きをする筋肉のことです。

つまり、息を吸おうとして横隔筋に力が入ると、拮抗筋である背筋群や腹筋群には力が入りにくくなるのです。

腹圧を高めることによる効果は、腰を痛めないというだけではありません。腹圧は内臓を定位置に留めるカギも握っているのです。

高齢者の下腹がポッコリ出ているのを見たことがある人も多いでしょう。その原因は腹圧の不足にあるのです。

加齢にともなって筋力は低下していきます。特に運動や力仕事をしていない人ほど、筋力の低下は顕著です。

当然、腹筋群や背筋群という腹圧を高める筋肉群の筋力も低下しますから、支えてくれる力がなくなった内臓は重力に抵抗できず、地球の中心へと向かうことになるのです。

内臓の定位置と健康

「オールド・パー」という高級ウイスキーがありますが、この名前は15世紀から16世紀にかけて152歳まで生きたといわれるイングランド人、トーマス・パーという人物に因んでつけられました。

ウイスキーのビンには、ルーベンスが描いたとされる肖像画が印刷されていますが、ご存じの方も多いのではないでしょうか。

ウィキペディアによれば、パーの長寿は当時、イングランド中の噂になっていましたが、パーが亡くなると、長寿の理由を知るために有名な外科医がパーを解剖しました。

すると、死因は「急性の消化不良」でしたが、パーの内臓器官はすべて完璧な状態で大腸も正常な位置にあり、青年と遜色のないものだったといいます。検視報告書はパーの実年齢が70歳未満だったことを示していました。

私がパーを紹介した理由は、パーは内臓の定位置を保持する姿勢と筋力を最期まで持っていたのではないかと思うからです。

つまり、パーは正しい姿勢を自然に身につけて、内臓を支える筋力が衰えることを防ぎ、人体に必要な体液の流れを妨害することなく、深い呼吸ができる姿勢を維持していたということです。その結果として、長寿をまっとうしたのではないでしょうか。

繰り返しますが、丹田を体の中心に置くことこそが、内臓を定位置に保持する方法なのです。

丹田と腸

丹田は目に見える臓器などではありませんが、なぜ古来より大切にされてきたのでしょうか。

丹田がある位置には「腸」があります。

「腸」が「第二の脳」や「第一の脳」といわれていることはすでに述べましたが、その機能は身体的なものに留まらず、精神の作用にまで大きな影響を及ぼしているようです。

丹田が位置する「腸」について、その身体的な役割を見ていきましょう。

●小腸の働き

食物が口から入ると、食道から胃、十二指腸を通過したあと、小腸という曲がりくねった長い管に入るまで、食物は咀嚼と消化液の働きによって「糜汁《びじゅう》」と呼ばれるおかゆのような状態に変わっています。

ここまでで食物の約90％が血流の中に吸収され、肝臓へ運ばれます。順番に示すと次のようになります。

食物が分解されて分子になる

↓

腸の内側にある絨毛《じゅうもう》に取り込まれる

↓

毛細血管に吸収される

↓

肝臓への道（門脈）を通して肝臓へと送られる

また、小腸の回腸と呼ばれる部分には「パイエル板」というリンパ組織がありますが、腸内に侵入してくる物質を有害か無害かいずれかを独自に判断し、有害な細菌を攻撃する防御機能を備えたスカベンジャー・セル（大食細胞）、すなわちリンパ球を内包しています。

この機能が、腸が「第二の脳」といわれるゆえんでもあります。

さらに近年、腸に重要な働きがあることが注目されています。それは造血作用です。日本ではいまだに骨髄で血液が作られているとされ、骨髄移植までが行なわれていますが、骨髄造血説には矛盾があり、生物学者・千島喜久男博士は50年以上も前に造血器官は小腸の絨毛であるという説を発表しています。

●大腸の働き

健康な小腸では細菌の活動はほとんどないようですが、大腸には目に見えない細菌が数え切れないほどいます。

その種類はおよそ3万種、約1000兆個もあり、重さにすると1・5〜2キロもあるといいます。大便の約半分は腸内細菌かその死骸だそうです。

大腸内にいる細菌は栄養摂取や消化の過程で重要な役割を果たします。いわゆる「善玉菌」や「悪玉菌」も、必要であるから存在するのだと思います。

大切なことは肉類を食べすぎないこと、甘いものや添加物をできるだけ摂らないこと、そして1日に3食はいらないということです。

血糖値を上げるホルモンは4種類あるのに、下げるホルモンは1種類しかないことを考えても、人間は空腹な状態が自然であることがわかります。

私自身、1年に二、三度、2～3日から長いときは1週間の断食をしますが、体調はすこぶるよくなります。

芸能界ではタモリさんをはじめ、多くの一流芸能人が一日一食を実行しているようです。私も一日二食にしてから15年過ぎておりますが、筋肉の質は変わりませんし、体の調子もよくなっております。むしろ食べすぎると、腹まわりがもったりと重く感じて不快です。

食物は口に入ってから8～10時間で小腸を通過し、大部分が消化吸収され大腸へと運ばれます。

大腸の内壁は小腸と異なり粘膜で覆われていて、絨毛はなく、とても滑らかになっています。

この粘膜の層を取り囲んでいるのが筋肉層で、小腸と同じく内側が輪状筋、外側が縦走筋でできていますが、神経分布はまばらなので知覚はきわめて鈍いため、直腸以外の大腸の筋肉の動きはほとんど感知することはできません。

断食をすると腸の動きが活発になり、3～4日後には宿便と呼ばれるタール状の便が、人によってはラーメンどんぶりほど出るようです。私の知人もそのように言っておりましたが、私の場合はもともと便通がよいせいか、3日後でもこぶし大の量しか出ませんでした。

このような腸をはじめ、内臓の働きを十分に引き出すためにも丹田を意識して、正しい姿勢を心がけ、内臓の適した空間を保持しなければなりません。

呼吸

呼吸とは、「肺が勝手に膨らんだり縮んだりすることによって、空気が出入りするもの」と思ってはいないでしょうか。

実際は、肺という袋が入っている胸郭全体が、横隔膜や肋間筋、腹筋が緊張することによって膨らんだり（膨らむというよりは上に上がる動き）、縮んだりして空気が出入りしているのです。

人は、生まれるときに「オギャー」と息を吐くことからはじめ、死ぬときに息を吸い込んで終わります。まさに「息を引き取る」という言葉のとおりです。

空気を吸うために胸郭を上に持ち上げるという動作が必要になるなら、猫背のような姿勢は、呼吸にどのような影響を及ぼすでしょうか。

猫背という上から胸を押さえ込むような姿勢では、深呼吸はおろか呼吸自体が浅くなってしまいます。

息を深くするコツとしては、正しい姿勢だけではなく、背中の広い範囲を膨らませるように意識して息を吸い込むとよいでしょう。その結果、全身に回る酸素も多くすることができます。

呼吸の「呼気」と「吸気」の働きにも違いがあります。

呼吸なのだから、「吸って吐いて」が一つのものであると考えると大間違いで、それぞれに働きがあるの

	呼　気	吸　気
血圧	下げる	上げる
体	柔らかくする	硬くする
神経	副交感神経を 優位にする	交感神経を 優位にする

です。

自律神経とは、われわれが意識しなくとも心臓の動きや発汗作用、ホルモンや消化液のバランスまで、無言でコントロールしてくれるありがたいものです。逆にそれらは自分でコントロールしようとしてもできないものでもあります。

白律神経は交感神経と副交感神経の二つからなり、それぞれの役割があります。

簡単にいえば、交感神経はエネルギーを消費するほうでアクセルの役割を果たし、副交感神経はエネルギーを蓄えるほうでブレーキの役割をします。

昼間は交感神経、夜と睡眠時は副交感神経が優位になります。動くときは交感神経、食事のときは副交感神経優位となります。

食べると眠くなるのはそのためです。呼吸においては、「吐く」は副交感神経で「吸う」は交感神経です。

交感神経と副交感神経のバランスが崩れる病気が、自律神経失調症です。

この病気になると、体がだるい、消化不良、体温調節ができない、異様な汗が出る、心臓の動きや呼吸が速くなる、涙目になる、瞳孔が開いたままになるなど、個人によっても違いますが、いろいろな症状が出てきます。さらに進行すると精神障害の症状が発現することもあります。

副交感神経は加齢によって働きの低下が見られ、交感神経とのバランスが悪くなります。順天堂大学の小林弘幸教授の著書によれば、交感神経は活動レベルでは加齢による影響は受けませんが、副交感神経は加齢の影響を受け、男性は30歳以降、女性は40歳から徐々に低下していくそうです。

丹田呼吸で副交感神経を優位にする

自律神経がバランスを崩すと免疫力が低下します。

そのため癌をはじめとするあらゆる病気にかかりやすいと、新潟大学名誉教授の安保徹教授も指摘しています。

近年、われわれはストレスも多く、交感神経が優位になりやすい生活を強いられており、さまざまな病気を誘発する原因となっています。

その原因の一つに、自律神経のバランスと白血球の関係があります。

白血球には3種類あります。基本細胞のマクロファージ、マクロファージから生まれた貪食《どんしょく》細胞である顆粒《かりゅう》球、免疫をつかさどるリンパ球です。

交感神経が優位になると顆粒球が増え、顆粒球が放出する活性酸素で細胞や組織がダメージを受けてしまいます。

したがって副交感神経を少しでも優位にし、リンパ球を増やして免疫力を高めなければなりません。

先に自律神経と呼吸の関係について触れましたが、呼吸には「胸式呼吸」と「腹式呼吸(丹田呼吸)」があり、腹式呼吸は副交感神経を優位にします。

腹式呼吸が胸式呼吸と大きく違うのは、重心の位置や意識の持ち方などいろいろありますが、一つは横隔膜を使うことです。横隔膜を使うことで副交感神経を優位にさせ、精神的にリラックスできるのです。

イライラしたときなどに「深呼吸して」とよくいわれますが、腹圧を高める腹式呼吸をすると迷走神経(副交感神経)を刺激し、心拍を遅くします。

深呼吸しながら脈を測ったことがある人なら知っていると思いますが、吸気のときよりも呼気のときのほうが脈は遅くなります。息を吐くときはどうしても腹のほうに力が入るからです。

交感神経が興奮すると血中のアドレナリンが増え、血圧が上昇し、毛細血管が収縮して皮膚は蒼白鳥肌となり、気分がイライラし、闘争準備態勢に入ります。

一方、副交感神経が興奮すると、交感神経との拮抗作用が働いて気分を落ち着かせることができます。

要は、「胸式呼吸は交感神経を活発にし、腹式呼吸は副交感神経を活発にする」ということです。

胸式呼吸は呼吸が浅く、短くなります。浅く短い呼吸では酸素が肺の奥まで到達しにくいため、炭酸ガスが溜まりやすくなります。

そのため疲労しやすく、血液の循環も低下するので、自律神経失調症になる可能性は高くなります。

腹式呼吸（丹田呼吸）では、腹圧によって胸式よりも呼吸速度が遅くなります。横隔筋の運動量も増えるため、内臓の血流を促進するなどいろいろな効果があります。

意識的に、吐く息をゆっくりさせれば副交感神経が優位になり、横隔膜に密集している自律神経のバランスもとれて、脳波を低くしやすく、落ち着いてきます。

浅くて弱い呼吸の1回の呼気量は0・5㎖前後か、あるいはそれ以下で、吸気量もほぼ同じです。当然、排ガス交換の量も非常に少なくなり、1％以下となります。

一方、息を長く出す、もしくは瞬間ごとに力強く出すと、4％以上の炭酸ガスが排出されるとのデータが報告されています。

座禅などで行なわれる呼吸は、空気を「吐く」ことに意識を置きます。「息を吐ききると自然に入ってくる」という考え方です。

丹田が位置する下腹部を意識し、吐く息を吹きかけるように繰り返すと、「セロトニン」という脳内神経伝達物質の分泌が盛んになることがわかっています。

セロトニンは精神を落ち着かせ、満足感を与えるので、うつ病などの精神疾患にかかりにくくしてくれます。

かつては脳内で作られると考えられていましたが、今ではその多くが腸で作られていることがわかっています。

丹田呼吸法

呼吸には胸式呼吸と腹式呼吸（丹田呼吸）のほか、肩呼吸や下顎呼吸（下のアゴを動かして行なう呼吸）などがあります。

下顎呼吸はこの世を去る直前の呼吸ですが、このように呼吸は上に上がるほどよくありません。

赤ちゃんは肺が未発達なので胸式呼吸を行なうことができず、腹式呼吸を主とし、回数も毎分50回以上にもなります。体の発達とともに呼吸回数も減っていき、激しい運動をするようになると胸式呼吸が普通となって腹式呼吸が減ります。

女性の場合は赤ちゃんを産む関係上、腹式呼吸はほとんどしませんが、深い呼吸をするときはやはり腹式呼吸になります。

さて、「丹田呼吸法」ですが、これは一般の腹式呼吸より意識する腹部の位置が低く、ヘソの下になります。腹式呼吸を一歩進めた呼吸ともいえるかもしれません。

私は呼吸法をはじめて20年以上経ちますが、空手や合気道、剣道などの稽古を通して重

腹式呼吸

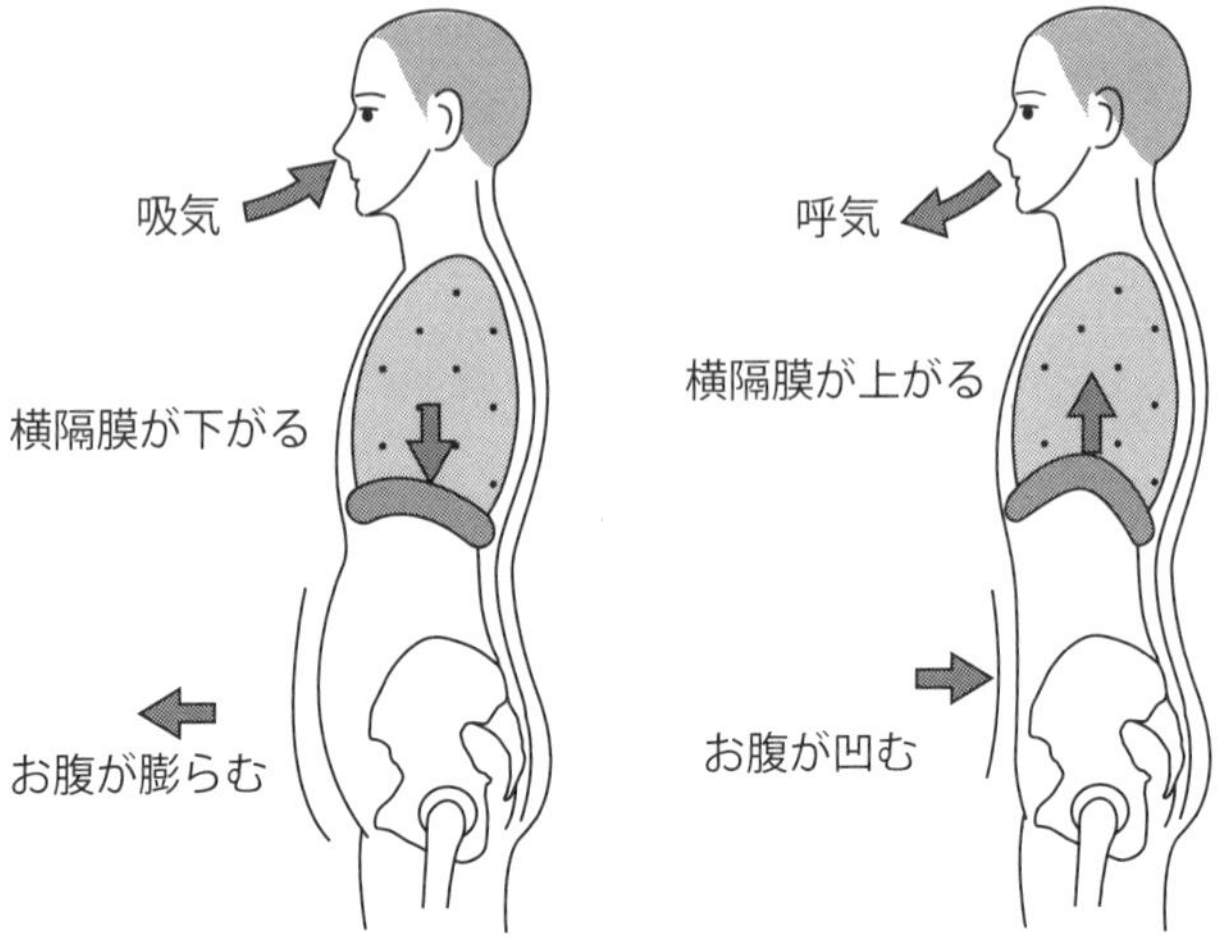

逆腹式呼吸

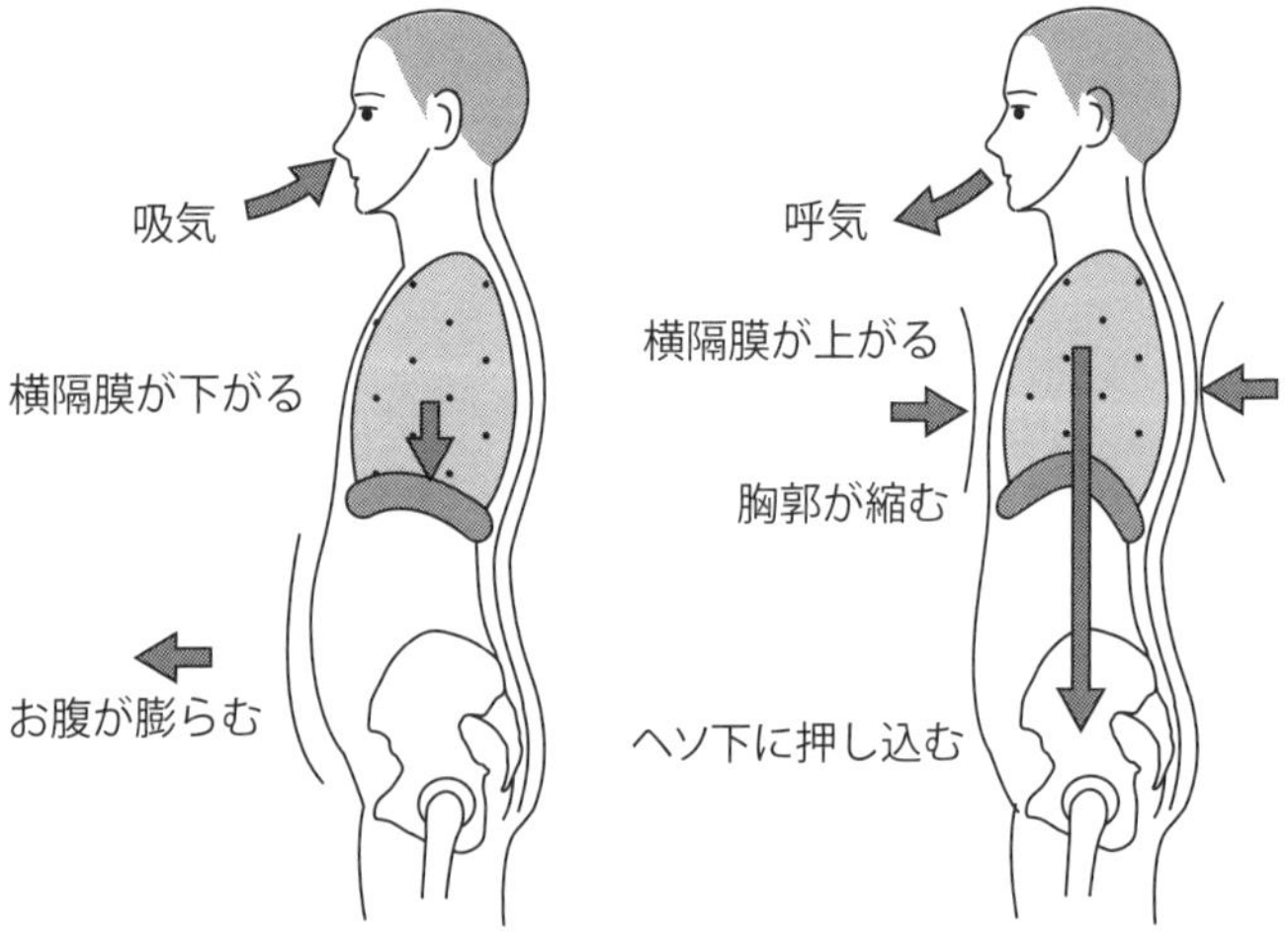

逆腹式呼吸は腹式呼吸と同じように横隔筋を大きく使い、お腹に空気を取り込むように膨らませる。その後、吐くときに腹式呼吸ではお腹を凹ますが、逆腹式呼吸では全体的に膨らんだお腹に入った空気を、さらにヘソ下へ押し込むという動作になる。初めは動作(筋力を使った動き)となるが、慣れてくると意識だけで同様の効果を得ることができるようになる。

心の重要性を意識し、いわば「逆腹式呼吸」に行き着きました。

今では座禅を組むときでも歩くときでも、いつも逆腹式呼吸を意識するようになっています。

腹式呼吸は、息を吸うときにお腹を膨らませて吐くときに凹ましますが、逆腹式呼吸では、息を吸うときにお腹を膨らませるのは同じですが、吐くときには息を丹田の部位に押し込むようにします。

腹式呼吸の最大の利点は横隔膜を大きく使うことにありますが、逆腹式呼吸は横隔膜を大きく使うと同時に、息を丹田の位置に押し込めるところが違うのです。

大きく腹部を膨らませることで腹部の圧が上がりますが、息を丹田の部位に押し込めることによってさらに丹田の部位の圧が上がり、重心もより低くすることができます。

これまで丹田が意識できるようになるために、この「腹圧を上げること」と「重心を下げること」の重要性を述べてきましたが、丹田呼吸法を実践することにより、丹田をさらに明確に意識できるようになります。

そして、丹田呼吸はそれぞれ自分に合ったものがありますので、実践をしていくうちに自分なりの丹田呼吸法が確立されていきます。

腹圧と太陽神経叢

また、腹圧と太陽神経叢《そう》にも大きな関係があります。

頭には脳があり、胸には心臓があり、腹には腸があり、「太陽神経叢」があります。太陽神経叢とは、ひと言でいうと自律神経の塊でミゾオチの部位にあります。子どもの描く太陽の絵のように、神経の束が放射状に出ているためにそう名づけられたようです。横隔膜から大きく広がる自律神経の中枢のようなところで、西洋医学より東洋医学で注目されてきました。

西洋医学では一応、自律神経の中枢は間脳の視床下部にあるとされています。間脳（視床脳）は外からのいろいろな情報を大脳皮質へ送り届ける中継場所となっていると同時に、独自の判断をするところでもあります。

しかし、間脳の自律神経はさまざまな感情に左右されることにより、正しい判断ができない場合があるようです。そんなときに活躍するのが太陽神経叢で、判断の誤りを微調整してくれるのです。

この神経の束は、内臓が正しく働けるように指示する役目を担っており、胃や肝臓、すい臓などが、本人の意識にかかわらず休まず働いてくれているのも、太陽神経叢のおかげなのです。

この自律神経が上手く働かなくなると自律神経失調症になり、眠れなくなったり、吐き気がしたり、頭痛が起きたり、体温調整ができなくなるなど、さまざまな症状に見舞われます。更年期障害もこの自律神経の乱れが原因といわれています。

古代インドの伝統医学「アーユルヴェーダ」では、この部分は「マニピュラ・チャクラ」と呼ばれ、人体に7～8カ所ある重要部分の一つにあげられています。

さて、「腹圧」とは読んで字のごとく「腹の圧」です。大雑把にいえば、意識は「圧」がかかるところにあります。

「ノボセル」とは頭に圧がかかり、意識が頭にあることをいいます。緊張のあまり心臓がドキドキしているときは、意識が胸にあります。

このようなときは、いずれも腹は凹んだ状態になっています。凹んだ状態というのは、そこには圧がなく、意識もないということです。

腹圧が強くかかるほど太陽神経叢の機能は上がり、腹圧が弱くなると機能は鈍くなってしまうといわれています。そして、腹圧を高めるためには正しい姿勢が必要なのです。

また、これは西洋医学でもいわれていることですが、血流が全身を回って心臓に戻る原理は筋肉の弛緩と収縮です。筋肉の弛緩と収縮がポンプの役割を果たしますが、腹部では腹圧が大きな役割を果たしています。

心臓から一度に送られる血液の量の半分は腹部に送られますが、それを押し戻すのが腹圧です。押し戻されずに腹部に血液が滞留すると、血液はどんどん汚れ、癌などの原因にもなってしまいます。

腹式呼吸が体によいとされる理由もここにあります。横隔筋の動きが少ない胸式呼吸よりも腹式呼吸、特に正しい姿勢で行なわれる丹田呼吸の稽古は、自分自身を守ることにつながるのです。

呼吸は自律神経系で唯一、自分の意思で支配できるものだけに、先人たちが心身をコントロールしようとして呼吸法を重要視してきたこともうなずけます。

ちなみに自分がコントロールしうるすべての運動は、呼気のときに終了しているべきでしょう。体の軸と重心は、吸気のときに安定させることは難しく、体の崩れは吸気のときに生じます。いわゆる「スキ」ができるのは吸気のときなのです。

丹田と気

何度も述べておりますが、丹田を意識するためには「正しい姿勢」が大前提となり、正しい姿勢のためには、「仙骨の締め」と肩甲骨の間に位置する「背骨の凹まし」が必要になります。

つまり、背骨の「S字」をできるだけ直線にしようとする姿勢になり、その姿勢において「重心」が下がっていることが条件になります。

こうした姿勢を力むことなく自然体で作ることができれば、おのずと意識は丹田に集まってきます。

一般的に丹田は体を循環する「気」の中心となる場所です。

丹田に意識を集中させることによって気の流れが整い、精神的にも落ち着きを得ることができるとされています。

「丹田と気」については、私自身がまだまだ研究していかなければなりませんが、私の体験からいえることは、次にあげる「丹田と体温上昇」のことです。

おそらく、これらのことへの理解を深めることにより、気のレベルも上がり、自分の世界も目の前のものからもっと広がりを見せ、体の動きにしてもさまざまな段階に発展していくのだろうと思います。希望的な観測ではありますが。

丹田呼吸と体温上昇

まず、体温の大切さに触れておきたいと思います。

人間は爬虫類などの変温動物と違い、体温を一定に保つ機能が備わっていることは誰もが知っているところです。

近年、人の体温の低下が目立ってきており、基本的には人の平熱は約36・5度なのですが、35度台の人が増えているようです。

体温が低いと人体にどのような影響を与えるのでしょうか。以下、簡単に並べてみます。

36・5度……免疫力旺盛な体温
35・5度……排泄機能低下、自律神経失調症、アレルギーが出現する体温
35度……癌細胞がもっとも増殖する体温
34度……水に溺れた人を救出後、生命回復するギリギリの体温
33度……凍死直前の幻覚が出てくる体温
30度……意識消失
29度……瞳孔拡大

いかがでしょうか。体温が0・5度下がるだけでも、人体は大変なダメージを受けるのです。

もちろん、低体温の人でも長生きする人がいますし、民族によっても平熱は違います。

しかし、医学的にも体温は高いほうがいいとされています。

一般的に体温が1度上昇すると脈拍が10回多くなるといわれていますが、私の経験ではそうではないと思っています。しかし、脈拍が多くなっているのに体温が下がっている場合は、人体がかなり危険な状態にあることは間違いないでしょう。

さて、丹田と体温の関係ですが、丹田に意識を集中することができ、圧を感じることができるようになると腹部の温度は上がってきます。温度が上がるということは機能の向上を示しますから、健康増進に大きく役立ちます。

これまで見てきたように、腸は人体の免疫機構をつかさどる大切な部位です。そこで高い温度を保持することは健康に直結しますのでぜひ、丹田呼吸を試してみてください。

第3章

精神と脳を養う丹田

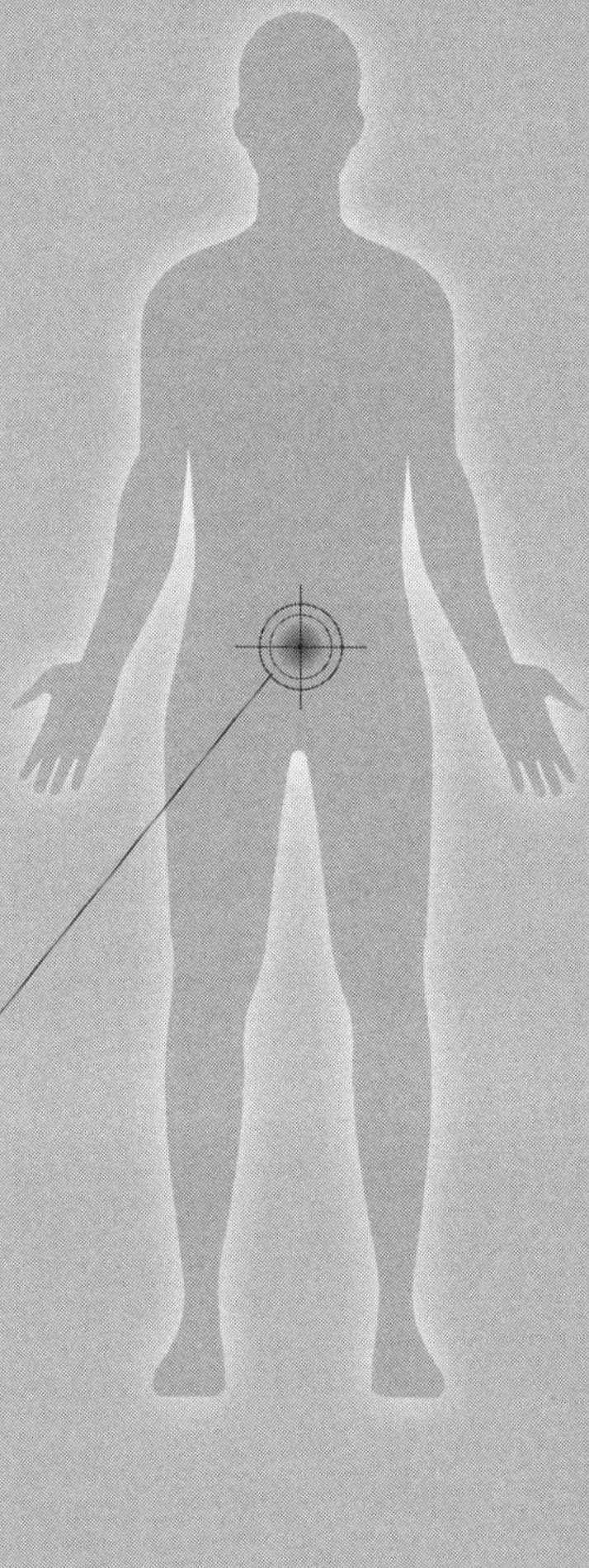

姿勢と気持ち

歴史を観ても、高齢まで活躍した人の写真を見ると、みなさん背筋が伸びており矍鑠《かくしゃく》とした姿勢で写っています。

こうした姿勢を見るだけで、姿勢は健康のバロメータであると同時に、「まだまだ、これから」という意気込みまでもが伝わってきます。

人間は、生まれて間もないころは背筋を伸ばし、正しい姿勢で座って過ごしています。

しかし、ゲームやパソコンなどの電子機器が日常に溶け込む現代では、生活のスタイルが変わり、私が幼少のころに野山を駆け回り、体を使って遊んでいたような時代は遠い昔となってしまいました。

子どもの筋力の低下はもちろん、筋肉の一部に異常緊張が見られることも当たり前になり、血流やリンパも滞り、姿勢に関しても昔とはまったく違ったものになっています。

古代ギリシャの政治家デモステネスは、弟子に雄弁の秘訣は何かと問われ、「一にも二にも姿勢」と答えたという話は有名です。

ちょっと気をつけて、姿勢を正すだけで周囲を説得する迫力や威厳を発することができ、しかも集中力も得られるというのですから、ある意味では姿勢は人生を変えるといっても大げさではないかもしれません。

誰もが経験していると思いますが、落ち込んでいるときは胸や腹が凹み、意気揚々としているときは胸を張っているものです。

こうした姿勢は意識することなく自然になっているのです。

逆手にとれば、落ち込んでいるときでも胸を張ることで気持ちを上向きにすることができるということです。

姿勢を作る効果は必ずあります。

胸を張る姿勢と肩をすぼめる姿勢では、自分に対する自信も変わるし、相手に与える印象も違ってきます。

一説によると、「1日に2分だけ力が漲る姿勢をとる」と、人生を変えられるほどの効果があるといいます。

「たった2分で変えられるはずがない」と思う人もいるでしょうが、ある程度習慣づけると実際にホルモンバランスもよくなり、ストレス反応も弱くなり、何よりも積極的になれるということが実験によって証明されています。思い出す記憶までもが、積極的なものとなるデータすらあるのです。

さらに、よい姿勢は支配欲をつかさどるテストステロンの数値を上げ、ストレス反応として分泌されるホルモンであるコルチゾルの数値を下げるのです。

逆に猫背の姿勢は呼吸を浅くするだけでなく、胃酸を逆流させやすくし、便秘やヘルニアなどのトラブルのほか、肩凝りや首凝り、頭痛などを招き、さらには肺や肝臓など内臓の働きも抑制されるのです。その結果、疲れやすくなり、積極的な気持ちを維持することが困難になります。

そのような気持ちでは、普段の何倍も働かなければ同量の仕事をこなすこともできないので、ストレスも溜まって交感神経が優位になり、内臓も脳もリラックスできない状態になってしまいます。

つまり、仕事も勉強もできない状態が作られてしまうのです。

姿勢と脳

横になって寝ているときと座っているときとで脳波を測定すると、座っているときのほうが脳が活性化していることがわかっています。

立っているときは、さらに活性化するとのことです。そして正しい姿勢をとると、集中力を高めることができることも証明されています。

また、自分と机との距離は近いほうが集中力が増し、持続もするとの実験結果が出ています。

机との距離が遠くなると猫背になりやすく、首が前に固定されるため筋肉や血管が伸びた状態が続いて硬直し、結果として血管が細くなり、血流量も減るため酸素やブドウ糖の絶対量が少なくなります。

つまり、脳の活動量が低下するのです。脳の酸素消費量が全体の20％であることを考えれば当然のことといえるでしょう。

感情と脳波

一概にはいえませんが、一般的に脳波は周波数が低いほうがよいとされています。脳波が10ヘルツ以下で人体の修復や再生がはじまり、11ヘルツ以上で破壊がはじまるそうです。たしかに体調が悪いと眠くなり、脳の周波数は下がるし、「怒り」などの人体に悪影響を及ぼす感情は脳の周波数を高くします。表にあるように、脳波は大きく4種類に分けられます。

人が怒ったときの息をビニール袋に入れて、その中に蚊を放すと毒気で死ぬという話を聞いたことがあります。

また、世界的なロングセラーである江本勝博士の著書『水は答えを知っている』でも、怒りによって水の結晶が変わる写真が掲載されています。

今の科学では、息という気体の温度を下げて液体にすることもできますが、人間の笑顔のとき（アルファー波以下）の息、怒っているとき（ベータ波以上）の息を液体化すると、前者は透明であるのに対し、後者はどす黒い液体になるそうです。

β（ベータ）波　（13～30ヘルツ）
左脳中心の脳波で、一般社会人はほとんどこの状態。考えごとをするなど頭を使うことでベータ波が出るが、脳の多くのニューロンがバラバラに活動している状態でもある。
α（アルファ）波　（8～13ヘルツ）
リラックスした状態や集中しているときの脳波。 スポーツや学習などでよく見られる。
θ（シータ）波　（4～8ヘルツ）
浅い眠りのときの脳波。 イメージ・トレーニングには最適な脳波。
δ（デルタ）波　（4ヘルツ未満）
深く眠っているときに出る脳波。 起きているときにこの脳波が出ている人は、超能力的な要素を持ち合わせているともいわれる。

怒り、妬み、嫉《そね》みなどの感情は、相手のみならず自分の体をも傷つけてしまうようです。気をつけたいものです。

姿勢と神経

凝りがあるということは、その部位が硬くなっているということなので、血流などの液体の流れが悪くなると同時に神経の伝達も悪くなり、全身にさまざまな影響を及ぼします。神経といえども血管と同様、圧迫されたり、通り道が狭いと本来の働きを妨げることになります。

本来あるべき姿、無理のない姿勢、つまり幼児に近い姿でいることが正しい姿勢といえるでしょう。

脊髄は、末梢神経、運動神経、知覚神経、自律神経などさまざまな神経の通り道となっています。

脊髄神経は背骨から出ている31対62本の抹消神経で、手足や内臓に行っています。背骨のどこに歪みがあるのかわかると、どこの筋肉や内臓が調子悪くなるかが推測できます。

背骨の中や骨の間を通る神経は、骨のわずかなズレでも神経を圧迫するので、その先端の運動筋や内臓筋に充分な命令が行かなくなり、働きが悪くなります。それが凝りや痛みになるほか、内臓の不調につながります。

東洋医学では、後頭骨と仙骨は呼吸運動により微妙に動いており、この動きで脳脊髄液を脳から仙骨まで縦に循環させるとしています。

長時間、下を向いたり、背中を丸めていると、このポンプの動きが悪くなります。さらに、長時間パソコンで作業をすると目を疲れさせ、脳も刺激するため交感神経が緊張したままになり、睡眠が浅くなるなど悪い循環につながります。姿勢はなるべく早く正したいものです。

生命の維持装置である恒常性（ホメオスタシス）を正しく保つためには、内臓などの組織がすべて入っている入れ物である「体《からだ》」が、正しい形、正しい姿勢であることが必要になります。

体の形が捻じれていたり、左右で歪んでいたり、猫背になっていると、呼吸が浅く短かくなり、内臓の調子が悪くなるほか、手足の動きなど運動機能までが正常に働かなくなってきます。

呼吸でいえば、横隔膜が大きく関与しており、姿勢が悪いと横隔膜の動きも抑制されるため、自律神経のバランスを保つことができなくなります。

腸と脳の連携

誰もが知っているように、肝臓は解毒をする代表的な臓器です。

肝臓の働きは呼吸とも関係があります。呼吸の主役である横隔膜の働きが悪くなると腹腔の圧縮力が弱まり、肝臓から心臓に戻る静脈の血液量が少なくなります。肝臓は横隔膜のすぐ下に位置するため、横隔膜の影響をもっとも受けやすいのです。

肝機能を活性化するためには、腹式呼吸で横隔膜を強く収縮させることが大切です。

また、最近では肝臓だけではなく、腸の解毒作用が注目されています。

そして、すでに述べたように、丹田の位置する腸は「第二の脳」と呼ばれていますが、腸には大脳に匹敵するだけの神経細胞が存在しています。

脳を持たない生物たちが腸で思考しているように、腸では免疫活動や造血作用、あるいはホルモンの分泌など、生命活動に関する判断を独自に行なっているのです。腸の神経細胞の集まりから脳が生まれたと考えられているのもうなずけます。

イギリスの人類学者たちが説いた「脳-腸トレードオフ理論」によれば、原始の動物の腸が短くなったぶん、腸の血流量が減って脳に回された結果、脳が大きくなったということです。それだけ脳と腸には深い相関関係があるようです。

また、ストレスを感じて腸内が異常な状態になった場合、ある種の乳酸菌は脳へつながる神経活動を活性化させるといいます。

そして、脳から指令が出されるストレスホルモン（コルチゾルなど）の分泌が抑えられたり、脳から腸へつながる自律神経活動が調節されて正常化し、ストレスを緩和すると考えられています。

脳と腸は密接にかかわり合っているため、脳で感じた不安は腸へ影響を与えますが、逆に腸が生命力を維持できれば、脳を活性化させることもできるわけです。

今まで脳の役割とされていたことや、他の臓器で行なわれているとされていた働きが、実は腸でも行なわれていたことが数多く発見されております。今後も腸に関する医学的な機能が新たに発見されていくことでしょう。

そして、腸の位置するところには丹田があります。脳にも匹敵するほど重要な臓器である腸の健康を保つには、丹田を意識し、丹田を作り、丹田を使っていくことが欠かせないのです。

姿勢と承認欲求

人は誰でも自分が可愛いし、愛しいものです。

ときには嫌になるときもありますが、自分でも気がつかないうちに自分を守り、より自分を満足させるために自分を納得させる方法をとっています。脳は自分を守るために、あらゆる策略をめぐらせているのです。

「見えども見えず、聞けども聞こえず、食らえどもその味を知らず」という言葉に示されているように、脳は自分が混乱しないように物ごとを見たがります。関心のあることだけしか見たり聞いたりせず、非常に主観的で自分勝手にできています。

科学雑誌『サイエンス』によると、「人間は何をしているときに一番幸せを感じるか？」という質問では、第1位「好きな人と身体的に触れ合っているとき」、第2位「気持ちよく運動をしているとき」、第3位「おしゃべりしているとき」とのことです。

また、イギリスのサセックス大学のジョージ・マッケロン教授らの研究でも、第1位の回答は同じであり、全体的な傾向としては、「寝る」、「読書」、「ネット」、「ゲーム」、「テレビ」などの屋内の活動より、劇場や美術館に出かけたり、体を動かしたり、自然と触れ合ったりしているときに、より幸福度が高いことがわかります。

脳はある意味、きわめて原始的な行動を望んでいるということでしょうが、さらに脳は「承認欲求」、つまり自分を認めてもらいたいという欲望にも限りがないことが知られています。

現代人は「承認欲求肥大症候群」に陥っているように私には思われてなりません。その行動のほとんどは、誰かに認めてもらいたいという承認欲求を満たすためのものであるともいえます。

女性が美しく可愛く見せたいと思うのも、男性に少しでも自分を高く評価してほしいという欲求から来るものですし、男性にしても、金銭のみならず地位や名誉への飽くなき欲望があります。

自己中心的でありながら、意志が弱いがゆえに周囲に流されやすく、臆病でありながら、うぬぼれが強く、協調を求めながらもわがままな人間は、とかくやっかいな生き物だといわざるをえません。

人の体の評価基準の位置が原始の時代の「脚」から、現代のように「頭」に移動する過程において、その傾向はますます顕著になってきているようです。

スキンシップ（肌と肌の触れ合い）という言葉がありますが、親子間や男女間はもちろん、すべての人間関係を深くする大切な要素の一つで、握手や抱擁など、日常生活でも触れ合える仲は心を許し合った同士であり、逆に心を許し合いたい人とは、肌を触れ合いたい人ともいえるようです。

私も道場で生徒を指導するときは、必ず一度は生徒の体に触れるように心がけていますし、生徒たちもそれを喜んでくれているようです。

姿勢のよい人の印象	姿勢の悪い人の印象
美しい	みすぼらしい
かっこいい	ダラしない
仕事ができる	仕事ができない
自信がある	自信がない
上品	下品
積極的	消極的
明るい	暗い
頼りになる	頼りにならない

親密な身体的触れ合いを持つという関係は、お互いに認め合うという確認作業であると言い換えることもできます。つまり「承認欲求」の賜物です。

脳はそもそも、自らの「報酬系」を活性化することを強く求めるようにできています。欲求が満たされる方向に向かうようになっているのです。

逆にストレスは不快なので、不快な感情から逃れるために早く「快」を手に入れようとします。欲求不満になると、お酒の量が増えたり、いつもより甘いものを食べたりします。

建て前としては平等を求めていても、自分に対する「特別視」は誰もが歓迎しますし、努力をする人・しない人、才能のある人・ない人でも平等に持っている欲求です。

したがって、内面的な努力ができない人は表面を飾ることだけに努力を傾けますし、人によって価値観の方向は違いますが、本人がよかれと思う飾り物で自分を覆い隠そうとします。

実は、承認欲求を満たすためにも姿勢は大事な要素の一つとなります。

前頁に、姿勢のよい人と悪い人の印象を表にしてみました。人によって捉え方に違いはあるでしょうが、大きな差はないはずです。

こうして列挙しただけでも、悪い姿勢は正したくなります。

内股やガニ股、猫背の姿勢でよい服を着ても、本人は満足しているでしょうが、周囲にはほとんどよく思われてはいないでしょう。つまり、実質は承認欲求が満たされていないことになります。

たとえ仕事でクライアントに怒られたり、トラブルが降ってきたとしても、正しい姿勢をキープしながら取り乱すということは難しいはずです。

正しい姿勢は安定した気持ちを維持し、サポートし、ストレスにも強くなって自信が得られます。

正しい姿勢を作り、自分の内面を磨くことが本当に美しくなることだと思います。

熟成した脳

「もう歳だから…」とは、よく聞く言葉です。

人間の脳はだいたい20歳ぐらいで成長が終わり、それ以降は毎日、脳細胞が死んでいくともいわれています。

たしかに「記憶脳」と呼ばれる10代・20代の脳は、記憶するためには最高の条件がそろっているでしょう。

しかし、実は30代、40代を過ぎて人生経験をそれなりに経てきた脳は、神経細胞のつながりが活発化し、ネットワーク作りが飛躍的に進むため、頭の回転がよくなるのです。

たとえば、一見、何の結びつきもないAとBを取り入れて、Cというものを作ることができるのも、この「クリスタライズド・インテリジェンス（結晶的知性）」と呼ばれる脳の機能のおかげなのです。脳の真骨頂はこのネットワークにこそあるといえるでしょう。

また、脳細胞の情報伝達は電気信号のようなもので行なわれていますが、電流が外に漏れないように神経突起（軸索）の周りを髄鞘《ずいしょう》が囲い、絶縁体の役目を果たしています。この髄鞘があるから信号の通りがよくなるのです。

そして、この髄鞘は生まれてから60代になるまでずっと増え続け、40代、50代が髄鞘形成のピークなのです。

したがって、クリスタライズド・インテリジェンスを培う熟成した脳は、むしろ中高年になってから養われるのです。

脳に栄養を運ぶ血流を促進したり、腸をはじめとするさまざまな臓器を正常に機能させるためには、正しい姿勢が基本中の基本です。

そして、正しい姿勢は「丹田」を意識することによって作られるのです。

第4章

諸芸の上達の要

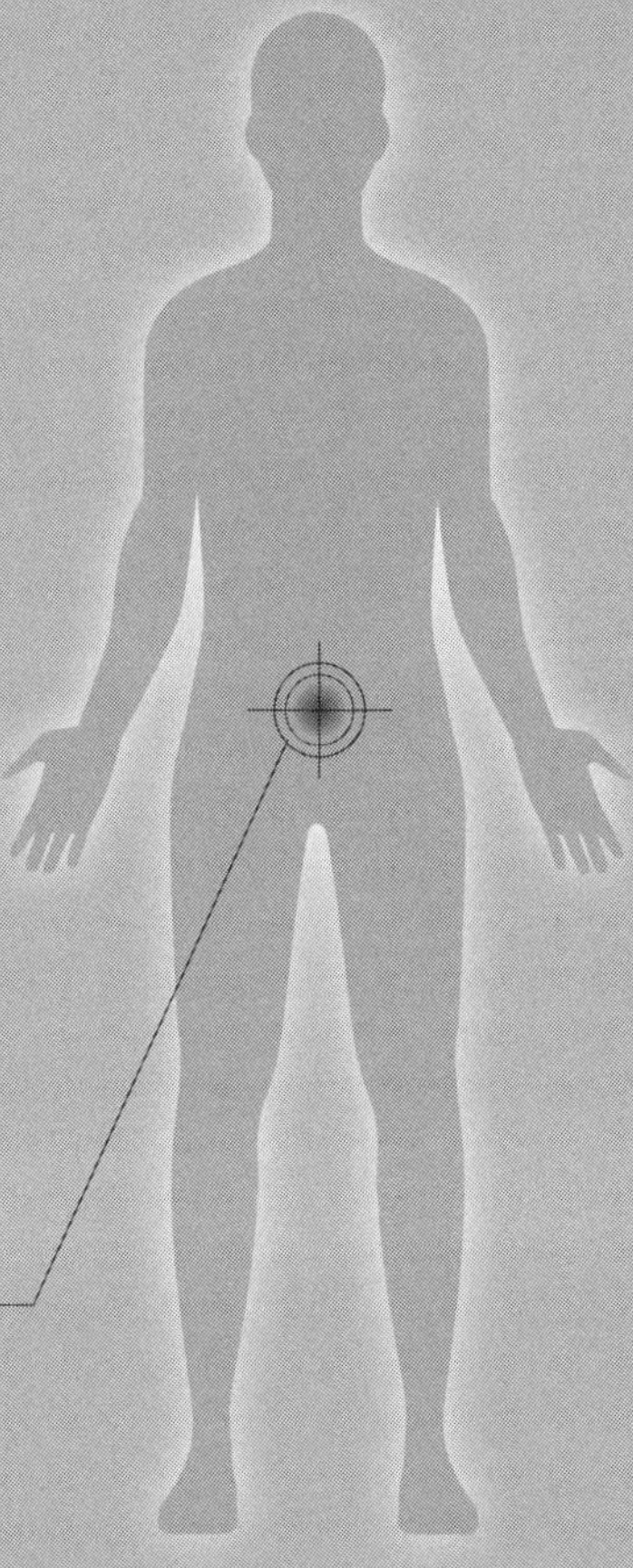

守・破・離

一般的に武道と呼ばれている空手や柔道、剣道から茶道、華道などまで多くの「道」がつくもの、さらにはピアノなどの楽器演奏やスポーツまで、「丹田」は重要な場所としてとらえられています。

何ごとも、稽古して上達する過程において「守・破・離」があります。

「守」は、まずは師の教えを守るということです。「師を探すのに3年かけろ」といわれるゆえんです。

教えを請う人物であるからこそ、自分の人生への影響も大きく、時間をかけて探さなければなりません。

師の教えを学びながら、やがては自分で何かを発見したり、自分で開発した要素を付け加えるようになります。「破」です。独自性の芽生えです。

次に「離」となり、師を離れ、師を超えていくことになります。

一般の人は「守」ですら難しいものですが、丹田に関しては、まず最初に「姿勢」ありきです。次に「重心（意識）」、「脱力」、「空間認識」と続きます。

これから順を追って、その意味と重要性を説明していきましょう。

●守

人は生まれてから、両親や学校の先生、習いごとの師匠、友人、本、映画、歴史上の著明人等々、さまざまな人物から影響を受けます。

さらに誰もが、人種、国、宗教などの大きな枠組みから、学問や人の意見まで小さな枠組みからも影響を受けて生きています。

つまり「刷り込み」です。この刷り込みから逃れることはなかなかできません。

しかし、この刷り込みが「悪」かといえば、そうでもありません。本人にとって悪になることもありますが、「守・破・離」でいえば、刷り込みは次の「破・離」の段階へと進む土台にもなります。

自分を測る「物差し」になるのです。

正義であれ、理不尽なことであれ、それが正しいか正しくないかは、物差しがなければわかりません。自分の背が高いのか低いのか、比べる対象がなければわからないのと同じです。

したがって、自分を測る物差しとなる刷り込みや枠組みを、まずは受け入れることからはじめなければなりません。

「守」とは、自分が納得した物差しを受け入れるということです。自分を形作る土台になるものを得るのです。だからこそ師は時間をかけて探さなければなりません。

●破

「個性」というものがもてはやされるようになって久しいですが、幼少のころから「個性を大切に」が合言葉になり、人権を尊重しているかのように思われています。

先生と生徒は同じ人間なのだから、教壇の上から生徒を見下ろすようなことは生徒の人権を無視するものだなどという人もいます。私にしてみると喜劇としか言いようがありません。

何の尺度もなく、つまり自分の背が高いのか低いのかもわからないような状態で、「同等」

を叫んでもあまり意味はありません。

自分の背が高いか低いかは、その人の考える器によっても変わってきます。クラスで一番高いのか？　学校で一番高いのか？　日本で一番高いのか？　世界ではどうなのか？

その人の視野の広さや考える深さがかかわってきます。

「常識」という言葉にしてもそうです。

何をもって常識とするのか。自分の住んでいる地域の常識なのか？　日本という国の常識か？　世界の常識？　宇宙の常識？　広さを横軸とするなら、歴史という時間の流れを縦軸に考えると、その幅はさらに広がります。

「破」は、自分の持つ枠組みを広げることにもなります。枠組を広げるためにも、「守」という刷り込みや物差しが必要なのです。

●離

土台がなければ家は建ちません。しかし、土台は壁を立て、屋根を張るためにあります。

「守」で師の教え（刷り込み、物差し）を守り、「破」でその枠を乗り越えて自分独自のものへと発展させていき、さらに「離」で「守」と「破」からも離れていきます。

武術でいうと、「武術」を忘れて「武道」に至るといえるのではないでしょうか。

弓の達人が目の前の弓を忘れるのと同様に、物質的なものから精神的なものへと移行していく段階といえるでしょう。

体にたとえると、「力み」→「ゆとり」→「脱力」となり、「力」→「技」→「道」になります。

武道の達人たちの行き着くところは、いわゆる宗教的な世界になるような例が多く、今では数学者や物理学者などの科学者たちでさえ、「量子論」という既存の物理学を超えた世界に入っています。


以上、古くからある「守・破・離」という考え方について簡単に述べましたが、私が語るのはここまでにしておきます。

次に、私の経験と認識から、①姿勢、②重心（意識）、③脱力、④空間認識について順番に述べていきたいと思います。

①姿勢

姿勢が正しくなければ何もはじまりません。

たしかに、パワーをつけてスピードを速くすることに集中するほうが、強さを実感できることは私自身が経験しております。

姿勢の重要性に気がつく前までは、私もパワーとスピードのことしか頭にはありませんでした。

しかし、武道で外国人勢と向かい合う経験が多くなり、年齢を重ねるとパワーとスピードだけでは手に負えない状況にいくつも直面します。

その過程で姿勢を正しくする大切さを学び、姿勢が及ぼす変化を技を通して実感できるようになります。

最初は、私も実践からの「逃げ」のように思いましたが、歳を重ねて丹田や中心がわかってくると「逃げ」とは感じなくなります。若いうちはパワーやスピードと、姿勢の両方の視点から稽古をするとよいと思います。

丹田を中心とした動きをするには、股関節の角度や肩甲骨の位置など、正確にできているかどうかを一つひとつクリアしていくことが大切になります。

そして、それらを自分の体に叩き込んでいかなければなりませんが、細かいことを言い出せばいくらでも出てきます。

ですので、初めから、ある程度の覚悟と長い目を持って稽古をしたほうがいいと思います。そのほうが気も楽になり、結果として長続きするからです。

しかし、それでも何度も説明してきたように、やはり腰の角度が大切になります。私のいうところの「ウンコ我慢」の姿勢です。そして「首の後ろ固定」です。

極端にいえば、「背骨のS字を可能な限り直線的にする」ということです。これが「背骨（体幹）の絞り」です。

この姿勢は、股関節の角度が広がった状態を維持できるもので、動きや健康を考えるときに非常に重要になります。

次に肩甲骨ですが、肩甲骨の位置は、外側に開きながら腰のほうへ落とします。これが「首の後ろ固定」となります。

この姿勢をとろうとすると自然に腰は反ってしまいますが、あえて腰が膨らんだ状態を保つようにしなければなりません。

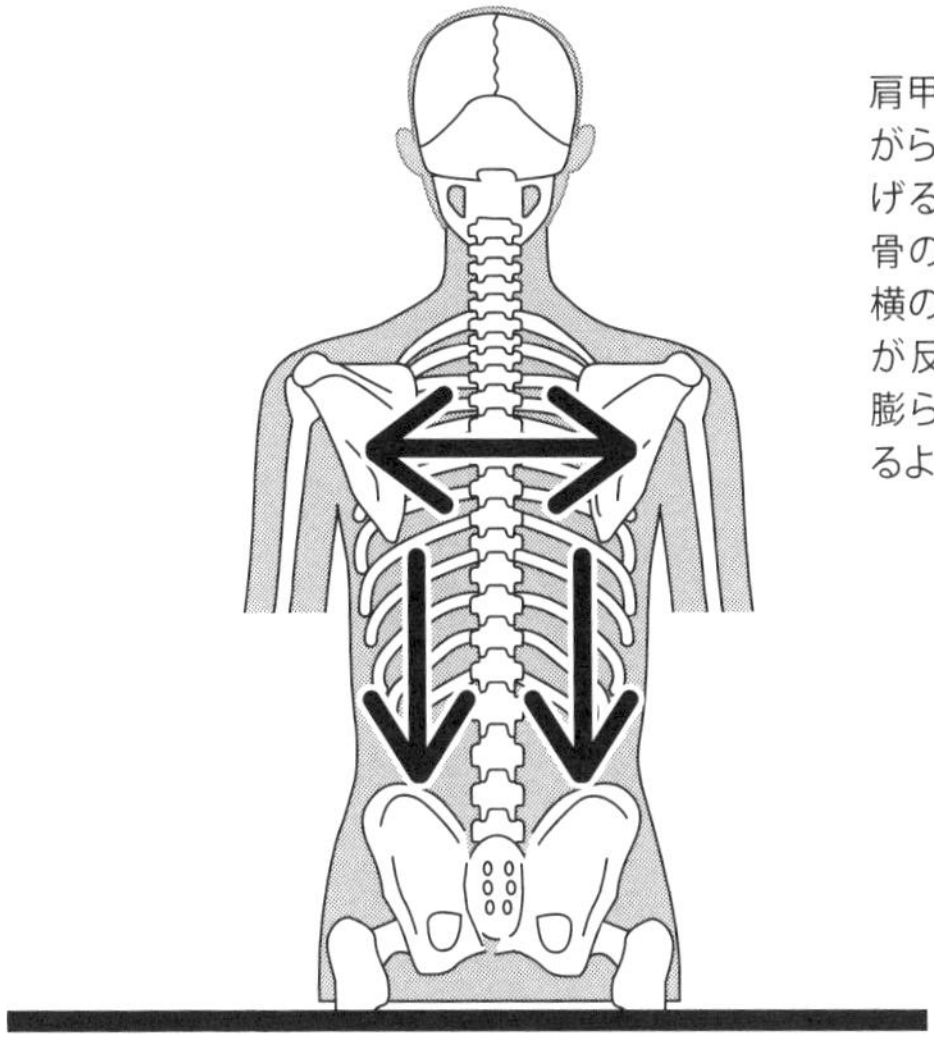

肩甲骨は開いた状態を作りながら、腰に押しつけるように下げる。さらにその間にある背骨の出っ張りを凹ます動作で横の軸を強くする。このとき腰が反ってしまいやすいので、膨らませせることに意識を向けるようにする。

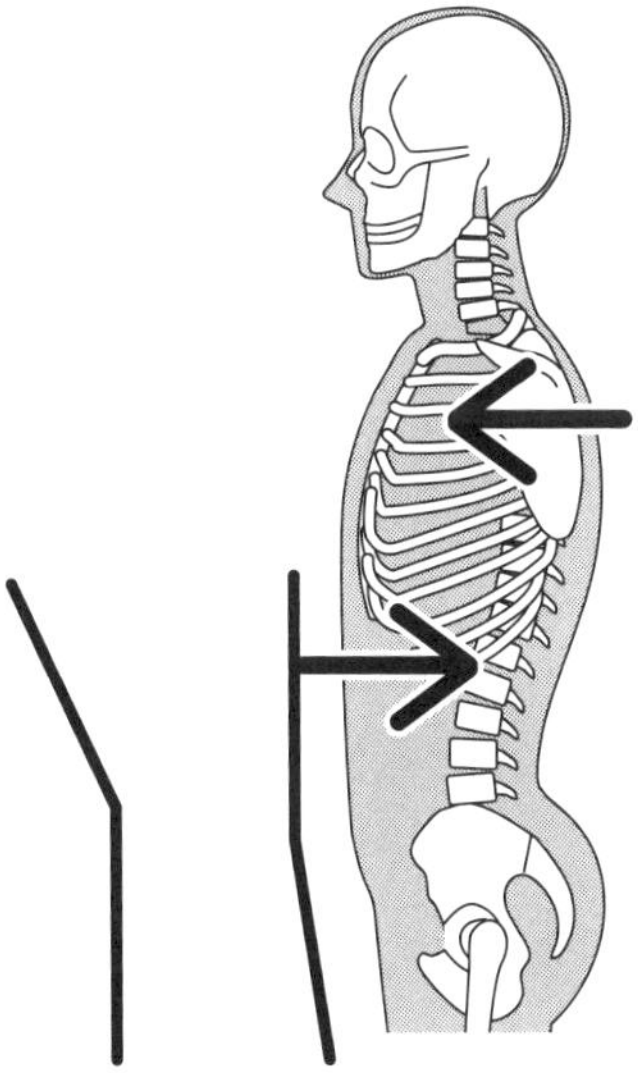

股関節の角度が大切。Aのラインは正しい姿勢を作るために欠かすことのできない角度。Bのラインは高齢者の姿勢。「歳をとると腰が曲がる」というが、実際は「股関節の角度が狭くなる」。「ウンコ我慢」の姿勢を保ち、股関節の角度を180度より狭めないようにすることが大切。股関節の角度が狭くなると肩甲骨も腰から離れて猫背になる。

この姿勢が自然にできるようになると、四肢がそれぞれ乖離して独立するようになります。

ちょっとわかりにくいかもしれませんが、会社でいえば「本社」と「支社」との関係といいますか、一体にしようと思うと一体になるし、分離しようと思えば分離できるようになります。主に攻撃のときは一体となり、受け身になったときは分離した状態が多くなります。

この姿勢を自分のものにすれば、丹田に意識を集中できるようになります。

また、すでに述べましたが、仙骨と下腹部は向かい合わせになっている必要があります。そうしないと、腰・腹同等の圧をかけることができず、腰部を一つの大きな塊として、安定した中心を作ることができないのです。

丹田とは、その大きな塊を凝縮したものだととらえておくとよいでしょう。

もう一つ付け加えれば、腰・腹同等の圧をかけると述べましたが、慣れてくると圧をかけようとしなくとも、意識するだけで中心はそこにありますし、肩が上がるような力みもなくなります。

実は「コツ」だけでそれができてしまう場合もありますが、初めは多少の無理や不都合があっても、「剛」で入り、そのうちに自然と「柔」、あるいは「無意識」の状態になるようにしないと、本当に身についたことになりません。

■姿勢のチェック法

第1章で紹介したように、正しい姿勢かどうかは、体を柱や壁につけ、踵《かかと》・お尻・肩甲骨・後頭部の4点を無理なく柱や壁につけることができるかどうかをチェックすればわかります。

現代人のほとんどは、「うつむき姿勢の長時間継続」をはじめ社会生活習慣の影響によって、4点を楽につけることができないようです。無理なく4点をつけられるようにしたいものです。

また、もう一つのチェック方法として、仰向けに寝てバンザイし、腕の肘の内側を両耳につけた状態で、腕を床に着けることができるかどうかというものがあります。厳密ではありませんが、腕全体が着くことが望ましいといえます。

猫背の人は腕を床に着けることができません。120度までは肩の可動域として上げることができますが、残りの60度は肩甲骨を腰のほうへ下げることで動くようになっているからです。

腕を床につけることができたとしても肘が耳についた状態を保てず、耳から肘が離れてしまうこともあります。

丹田を作る姿勢は、「首の後ろ固定」と「腰・腹同等の圧」が基本になりますが、別の言い方をすれば、「肩甲骨を左右に広げた状態で腰に向かって下げる」、「股関節の角度は180度より狭くならないようにする」の2点に集約されるともいえます。

②重心（意識）

すべての物には重心があります。

重心とは自分の体の「重さの中心」であり、同時に「意識の中心」ということもできます。

前述したように、「重心」と「意識」は、「血液は気の母であり、気は血液の師である」といわれる「血液」と「気」の関係に似ています。

意識のあるところに重心は移ります。

緊張して「頭に気が上っている」ときは、意識が頭に行きすぎて重心は頭にあり、「腹が据わっている」ときは重心が腹にあります。

体の重さの中心が上にあるほど安定感に欠け、下にあるほど安定することは誰もが知るところです。

相手と対峙する動きの場合、特に柔道や合気道のような相手と触れ合っている動きでは、重心の位置が重要になります。技量や能力が同じであるなら、重心が下にあるほうが有利になるからです。

なぜなら、地球には重力があり、「力は高いところから低いほうへ流れやすいから」ということになります。

または、「相手より重心が低い状態にあると、自分の重心に相手の重心を乗せることができ、相手を浮かせた状態にできるから」といってもいいでしょう。

重心を下げることとは、丹田を意識することでもあります。常に重心を下げるという意識は持っていたほうがよいでしょう。

■重心を下げる方法

これは、私が自分の経験から得た稽古方法です。

私はもともと空手出身なので、三戦《サンチン》という型からはじめ、どのようにしたら丹田に意識（気）を持っていくことができるかを研究しました。

1日40〜50回、三戦を繰り返しました。呼吸を最大限に意識しました。鼻から息を吸い腹に溜め、吐くときに丹田に押し込むようにする逆腹式呼吸です、

連日の稽古でわかったことは、「一段階、低い位置を意識しなければならない」ということです。

丹田を意識するのであれば会陰部、つまり肛門と金的の間を意識します。集中させたい部位そのものを意識するのではなく、さらに一段低い場所を意識することにより、目的を達成することができました。

この考え方はすべてのことに共通するかもしれません。

たとえば、「右」の位置を「真ん中」に持って行くためには、現在の「右」の位置から「真ん中」までの距離と同じくらい「左」に寄らなければ、「真ん中」へは行けません。

私は重心を下げようとして2年ほどは丹田を意識しましたが、それ以降は丹田そのものを意識するのではなく、ただ「より下に下げる」ことだけを意識するようになりました。

つまり、丹田よりも大腿部、大腿部よりもふくらはぎ、ふくらはぎよりも足裏へと、どんどん意識を下へ向けていったのです。

もちろん動きの中心となるのは丹田ですが、重心という意識が下へ向かえば向かうほど、上半身の脱力が得られ、体幹と手足など四肢が分離して独立することができるのです。

「意識」こそが、すべてをコントロールする源なのです。

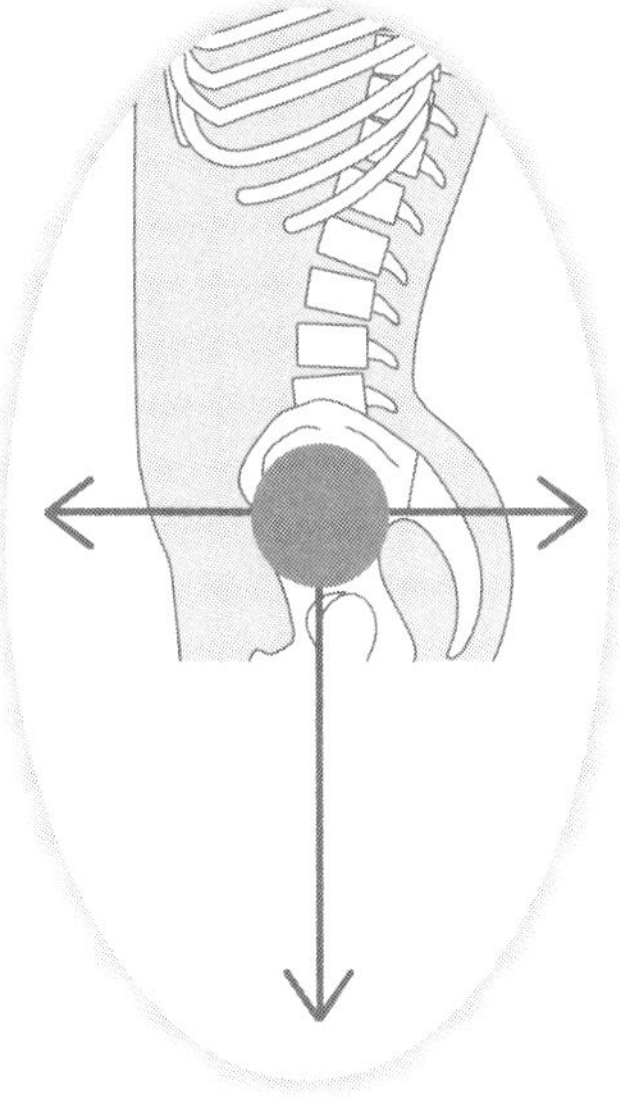

column

重心と自我

私は足裏まで重心が落ちたとき、「自分の生きてきた証を消したい」という思いが湧き上がり、印象に残りました。

「虎は死して皮を留め、人は死して名を残す」といいますが、これは人間の「承認欲求」を表わしているともいえます。

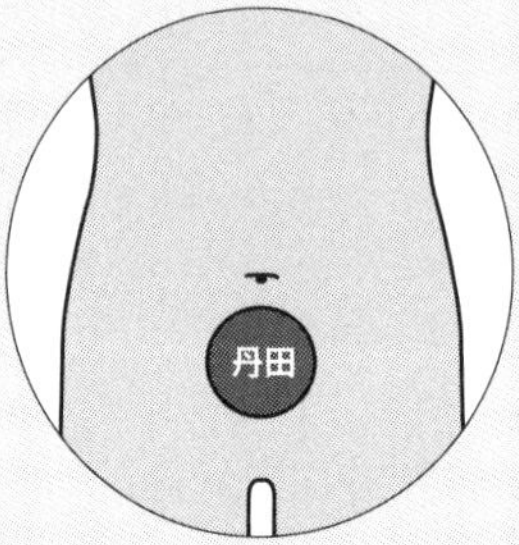

私が「自分の名を残したい」とあまり思わないのは、さほど自分に能力がないこともありますが、「時間」というものに対して通常より長いスパンでとらえているからかもしれません。

一般的に人は、有名になりたい、自分の名を後世に残したいと思うのでしょうが、「歴史は勝者が作る」ともいわれるように、ある意味では残されている人物の逸話なども、当時の権力に都合よく作られたいいかげんなものかもしれません。

古代に精神的な文明を築いたとされるマヤ文明の王などは誰も知りませんし、日本の歴代天皇でさえも記憶がない人がほとんどではないでしょうか。ましてや「レムリア」や「ムー」といった伝説的な文明の王の名ともなれば知る由もないでしょう。

もしかすると、丹田を意識すること、重心を下げることは、限りなく「自我」をなくすことにつながるのかもしれません。

人間の体の部位に対する価値基準が、原始の「脚」から「肚」、「胸」、「頭」へと下から上がってきたことはすでに述べました。

逆に現代から遡って見れば、大げさな見方をすれば、人間の重心（意識の中心）は、「頭」から「脚」へ、さらに「脚」の下にある「地球の中心」、果ては「宇宙の中心」にまで下げられるのかもしれません。

③脱力

私は一時期、毎週土曜日に臨済宗のお寺に通っていました。我流ではありますが、これまでに2000時間は「禅」を組んでいると思います。

臨済宗の「公案問答」は学んだことはありませんが、禅についてはいくつか学ぶことができました。

まずは、やはり「姿勢」です。

禅を組んでいて眠くなった場合、正しい姿勢ができている人は後ろへ引っくり返りますが、できていない人は前に首を垂れ、コクリコクリと船を漕ぎはじめます。

次に学んだのが「上虚下実」、重心を下に下げるということです。

そして最後は「脱力」でした。

正しい姿勢を無理なくできるようになり、重心がある程度下がると、おのずと上半身に脱力が生まれるのです。

最初のころは「火の玉になれ」と教わります。

実際に禅を組めばわかりますが、いきなり「雑念のない無心状態」になれるはずもなく、最初は「今日はこれから何をしようか」、「あの仕事がまだ残っていたな」など、いろいろなことが頭に浮かんできます。

そこで考え出されたのが、「内観」や「数息」、「公案」や「軟酥《なんそ》の法」などであり、いずれも雑念を払うために意識を集中させる方法です。

たとえば、「数息」は呼吸を利用して意識を集中させる方法で、私も実践していた時期があります。

息を「吐く」ときに5つ数え、「吸う」ときに3つ数えます。各人が自分に合わせて数を決めて行なうことができます。

「火の玉になれ」とは、私がいうところの「剛から柔」への段階を指します。

初めから脱力を目指すのでなく、「力が入らなくなるまで力を入れ続けろ」ということです。

空手の「突き」にしても、脱力が大切だからといって最初から力を抜いて稽古をしていても、本当に脱力した突きを打てるようにはなれません。

力を込めて突き続けている中で、いろいろな工夫が生まれては否定され、さらなる工夫を積み重ねていくうちに脱力ができていくのです。

ヘーゲルの弁証法でないですが、「正・反・合」を繰り返しながらたどり着くのです。同じ動作を何万回・何十万回も繰り返していくと、その動作に必要な骨と筋肉の協演が行なわれるようになります。

部位のみの動きではなく、全身を総動員した一つの動きができ上がるのです。そこに正しい重心の位置が加わり、脱力ができるようになります。

私自身、これで十分だという本当の脱力ができているとは思っておりませんので、これからも稽古を続けていくしかありません。

ただ、手足の脱力は、軸ができていなければ得ることができないことだけは間違いないと思います。

親を信頼している幼児が親の懐で安らかでいられるように、人間は何かに頼るものがあると気が休まり、息を抜けるものなのかもしれません。

何か自分が頼れる「軸を持つ」ということは、生きることすべてに一貫していえることではないでしょうか。

自分の体の中心軸（丹田）をしっかりと作り、重心が安定すれば、それに頼る四肢（手足）も安心して脱力できるのです。

■脱力を作る方法

ある程度、正しい姿勢を作れるようになると、重心を下げる段階に入ります。

重心（意識）が上がってしまっていては、心身ともにスタート地点にも立っていない状態です。

初めは動きのない座った姿勢や立った姿勢からスタートして、徐々に動きの中で意識がヘソから下にあるかどうかを確かめていきます。

脱力を得るには、とにかく正しい姿勢を保持し、重心を下げる意識を継続するしかありません。

そうすれば自然と脱力ができるようになります。

そして、その姿勢で大事なことは背筋と腹圧の関係です。

私のいう「背骨の絞り」、つまり仙骨を締めて、肩甲骨の間にある背骨の出っ張りを凹ます動作が基本になることは、くどいほど繰り返しておりますが、腰の部位を膨らます力と背骨の出っ張りを凹ますバランスが非常に大切なのです。

慣れてくると、ピタッとくる場所があります。腰を膨らませる力と背骨を凹ませる力が拮抗するのが実感できます。

丹田からの圧力が背骨側と下腹側で拮抗し、その拮抗した腹圧と絞れた背骨も拮抗します。それらの両者がピタッと合って姿勢は決まります。

その結果、脱力へと至るのです。

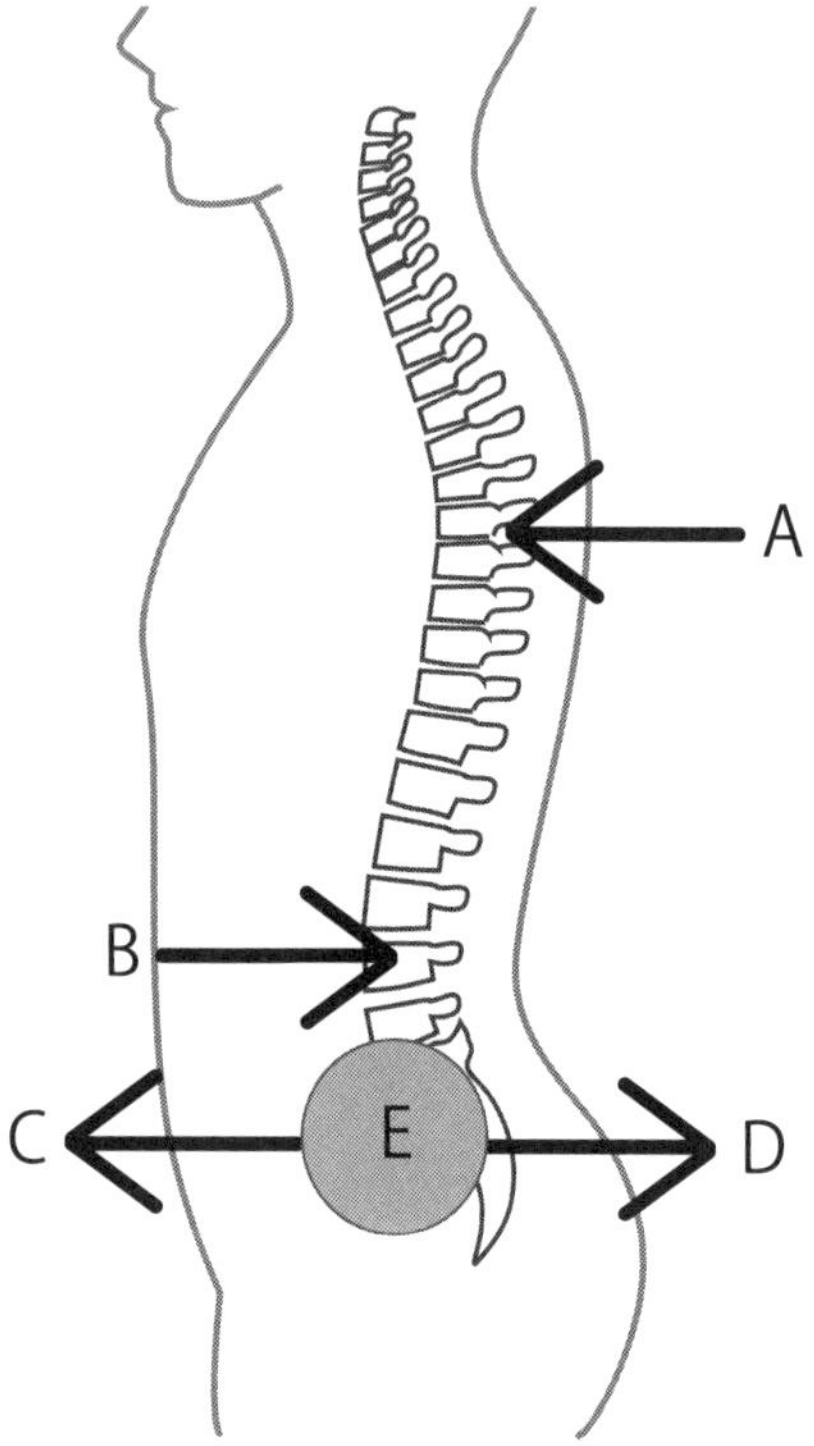

究極の姿勢

Aの部位による背骨の凹ましと、Bの部位で腰を膨らませる力とのバランスが必要(体の絞り)。さらにEの丹田からC・Dへ向かう同等の圧力のバランスが必要であり、丹田という土台によって体の重心や体幹、体の絞りは支えられている。

④ 空間認識

「空間認識」とは、私が60歳になろうかという時期に、相手の軸を吊り上げるような感覚が生まれて認識された意識で、私独自の概念といえるかもしれません。

「姿勢」、「重心」、「脱力」と述べてきましたが、その後に来るものが「空間認識」であることは確信を持っていえます。

「空間を認識する」ということは、「空間から感じ取る」こと、「空間を操る」ということです。

空間には、人間や自然、構造物から創作物までありとあらゆるものが含まれます。その人の感じ取れる空間の広さや深さによって、感じ方もいろいろあるでしょう。

たとえば映画などを観ていると、ある場面で、姿が見えない相手に狙われていることがわかるときがあります。俗にいう「殺気を感じる」というものです。これも私のいう空間認識です。

何かの作品を観たとき、創作した人物の性格や感情を感じることができるのも、空間認識に含まれます。

私が臨済宗のお寺に禅を組みに行っていたとき、住職と一休禅師の話になったことがありました。

住職は、「一休の書は性格のきつさがそのまま出ているから、そばで見ていると落ち着かなくて嫌だ」と話されていました。これも一つの空間認識です。

空間認識には、もっと広い領域のものもあります。

たとえば、武道の達人が「自分はいつ、どこで死ぬ」などと予言めいたことを言って、そのとおりになるというものです。

ここで詳細を述べる紙幅はありませんが、量子論では「量子のもつれ」という考え方があります。

現在・過去・未来という時間の流れは存在せず、すべて同時に在るというものです。そこには空間を超えた自由な世界があるようです。

身近なことでいえば、合気道の演武では相手に触れずに投げ飛ばす場面が出てきますが、これも広義の空間認識の一つだといえます。

自分の空間と相手の空間を一つにして、空間をコントロールすることによって相手を投げるというものです。

だからこそ、いつも同じ空間で同じ動きを稽古している弟子のほうが技にかかりやすいのは、ある意味では当たり前であるといえます。それはいわゆる「やらせ」とは違います。読者の方々がどのような方向で空間認識へと至るかはわかりませんが、生まれ持った資質によるところが大きいように思います。

世の中には何の努力もなしに空間認識を得ている人もいますが、基本的には「姿勢↓重心（意識）↓脱力↓空間認識」といった順で進んでいくと私は考えています。

■空間認識と構え

「空間認識」は、別の一面から見ると「構え」と解釈してもいいかもしれません。

ここでいう「構え」とは、「天変地異」や「量子のもつれ」など宇宙の自然から、「経済破綻」や「戦争」、周囲の人間関係など人間社会のことまで、あらゆるものに対する姿勢や心構えのことを意味し、すべてを「想定内」にすることとです。

空間認識に至るまでは、先述のように「姿勢」、「重心」、「脱力」ができていなければならないほか、あらゆる情報を肯定的にとらえることも大切です。

とはいえ、私自身すべてを肯定的にとらえることができるわけではありませんし、自分の力だけではどうにもならない社会の流れや歴史の流れ、地球という天体から宇宙の流れ、生命の流れといった大きなウネリというものがあり、否定しようにも否定することができないものがあります。

豊臣秀吉が家臣に、「なぜ、私が天下を取ったかわかるか?」と訊ねると、家臣は秀吉の才覚によるものだと答えますが、秀吉は「虎は初めから虎であるから強い。私も天下を取るために生まれてきたから天下人となったのだ」と言ったそうです。

ある意味では「決定論」であり、秀吉は運命論者だったのかもしれませんが、別の言い方をすれば、あらかじめ決められていた大きな流れを肯定し、身をまかせたということにもなるかもしれません。

■イメージ・トレーニング

今やスポーツの世界だけではなく、社会でもイメージ・トレーニングはあらゆる場面で使われています。

たとえば、100キロの物を持ち上げることができなかった選手が、自分が持ち上げたところをイメージし続けることにより現実に達成できるようになったり、営業ノルマの目標を会社で掲げられたものよりもはるか上に設定し、自分が成し遂げたイメージを持ち続けることによって高い成果を達成するなどです。

つまり顕在意識は、「刷り込み」によっても作られているのです。

ある枠組みの中で限定されたことしかイメージできない場合、その枠組みを超えたことを成し遂げることは難しいでしょう。

私は空手や合気道を指導するとき、イメージ・トレーニングを大事にしています。実際に効果はあります。相手が倒れたことをイメージする場合としない場合とでは、技のかかり方が変わります。

カギは「過去形」にあります。これから相手が「倒れる」のではなく、「倒れた」姿を思い描くわけです。

このことは武道の稽古だけではなく、日常生活の中でも応用することができるので、いったんその波をつかむと楽しくなります。

私は30代前半に、「瞑想」を１０００時間してみようと思い立ち、実行したことがあります。

そのころは病院に勤務しており、これといった大きな責任もなく、自分のことに集中することができたので、いろいろなことを経験できました。

信じる信じないは自由ですが、眉間の部分からきれいな光が出たり入ったりするのが見えたり、自分の体を取り巻くオーラ?というか、何かのエネルギーなのかもしれませんが、信じられないスピードで動いたり、それが部屋いっぱいに広がるなど、さまざまな体験をしました。

「禅」も「瞑想」も私にとっては同じものであり、イメージ・トレーニングです。

今、私が行なっているイメージ・トレーニングは、自分と周囲の空間の位置関係です。具体的には、自分が沈んで周囲の空間を押し上げようとしたり、周囲の空間と溶け込もうと意識しています。

抽象的でわかりにくいかもしれませんが、人それぞれに空間認識へと進むイメージの方法や手段があります。たとえれば、木を削るのにヤスリを使うのかカンナを使うのかの違いです。

しかし共通点は同じであり、「継続」のひと言です。継続の中にこそ「工夫」が生まれ、「ひらめき」が生まれるのです。

脳と腸の意識

「脳は顕在意識」、「腸は潜在意識」といわれています。

一見、すべての人間の行動は脳が決定しているように思われます。そして、人類の歴史は「争い」や「殺し合い」が繰り返されてきた歴史とも思えます。

つまり、歴史は脳によって繰り返されてきたともいえるのです。

各時代に脳に刷り込まれた価値観によって人々は行動しています。しかし、その価値観は時代の勝者の都合で作られることが多く、次の勝者が現われるとそれまでの価値観がすり替えられたりします。

要するに、私たちの顕在意識（表面意識）である脳は時代によって違う価値観を刷り込まれており、そうした価値観は必ずしも普遍的なものではないということです。そのつど脳は自分にとって都合のよい理屈で自分を納得させ、満足する方法をとってきました。

「脳」が大切な部位であることは間違いありませんが、外部環境の情報による影響を受け、すでに見たように「不快」を避け、すぐに「快」を得ようとする部位でもあります。

「腸」には刷り込みという手段を使うことができません。

だからこそ、腹（肚）を大切にしなければならないのです。普遍の真理の一端がそこにあるように思えるからです。

現代はさまざまな情報が氾濫しており、良きにつけ悪しきにつけ「刷り込み」も起きて「脳」を混乱させる環境が整っています。さらに農薬や食品添加物、環境汚染などの毒によって、潜在意識である「腸」の正しい判断力が脅かされている状態です。

このまま人間の「脳」も「腸」も本来の働きから遠ざかっていくとすれば、人間そのものの在り方もズレてしまうかもしれません。

姿勢と食生活

最後に、姿勢と同様、人間にとって大切な食生活のことについて少し述べておきます。

わが日本では世界一のものがたくさんありますが、食品添加物の数、農薬の量、若者の自殺率、病院で出される薬の量、精神科のベッド数などもそうです。

また、令和2年からは5Gという人体に最悪であり、世界でも規制を受けている電磁波の環境の中で生活を強いられます。

特に食品添加物や農薬も、普段から直接口に入れるものなので気をつけなければなりません。自分を失わないためには、あるいは本来の自分を見つけるためには、マスコミの情報に振り回されずに、自分で情報を取りに行かなければならない時代になりました。

コンビニの食事ばかりをしている人や、テレビのCMに振り回されている人が「姿勢」や「動き」を気にしてもあまり意味はありません。

今はマスコミの情報に欲望を煽られて、あれもこれも欲しがる「足し算」の生活を強いられています。

しかし、たとえば食生活でいえば、「飽食の時代」である現代こそ「引き算」の思考で生きなければなりません。食品添加物や農薬を使用しない食品を選ぶ意識を育むことは、結果的にはお金もかからず、副作用もない健康を手に入れる最善の方法なのです。

難しいことは何もなく、ただわずかな思考方向の転換と意思の継続が必要なだけです。決して大きな努力はいりません。

昨今、いろいろな人が「断食」や「デトックス」について語っていますが、食の大切さを考えるときに参考となる人物がいますので紹介します。

江戸中期に活躍した水野南北という観相家がいます。

人相・手相をはじめ、日本人の占い師の元祖ともいわれている人物で、彼が著した『南北相法』は占いを志す者たちのバイブルとなっています。

南北は大阪に生まれましたが、幼児のころにすでに両親を亡くし、叔父夫婦に育てられました。少年時代は素行が悪く、あるとき入牢します。

「牢に入るだけあって、人相の悪い野郎ばかりいやがる」

南北は自分のことを棚に上げてそう思いますが、ふと悪人と人相の関係に気づき、人の人相と運命の関係に興味を持ちます。

牢から出て人相見に自分を見てもらうと、「お前には険難の相が出ている。このままでいるとあと1年の命だ」と言われてしまいます。

南北まだ20歳のころでしたので、大いにあわてた南北は禅寺を訪ねて「出家」しようとしますが、南北の人相を見た住職は拒否し、もし半年間、麦と大豆だけの食事を続けることができたら入門を許可すると言います。

南北は忠実に教えを守りながら浜仲仕《はまなかし》として働いたあと、以前に観てもらった人相見と出会います。

「お前はいつぞやの！　どうした、険難の相が消えているぞ」

南北は半年間、住職に言われたことを守って精進したことを話します。

「なるほど、食事を節制したことが大きな陰徳となったのだろう。それにしてもよくがんばったものだ」

その教えに南北の進路は決まります。僧侶を止め、観相家になることを決心したのです。

その後、南北は諸国を遍歴し、神道・仏教・儒教・易などあらゆる宗教を学び、聖徳太子を教祖として尊ぶほか、実学もおろそかにはしませんでした。

あるときは風呂屋の三助をして客の全身の相を研究し、またあるときは火葬場で死者の相や骨格を研究しました。しかし、どれほど研究しても確実に予想を当てることなどできません。

南北は悩んだ末、伊勢神宮に参詣して断食と水ごりの修行をします。そんな必死の研鑽が実ったのか、ある日「人の運は食にある」との天啓を授けられるのです。

南北はその後、日本一の観相家といわれるほどになり、600人以上の弟子を持ち、晩年は皇室の庇護を受けるまでになります。

しかし生涯、主食は麦を一日一合五勺、副食は一汁一菜を守り続け、お酒は一日一合をまっとうしたようです。

さて、水野南北が生涯を通して導き出したこととは何でしょうか。

ひと言でいえば、「食によって人生は変わる」ということです。

少食にすれば腸相がよくなり、腸相がよくなれば人相がよくなり、人相がよくなれば運がよくなるということです。

水野南北の例を見ると、「腸は第二の脳である」ということがますます信ぴょう性を持ってくるようです。

「腹八分目」という言葉は、『養生訓』で有名な貝原益軒が唱え出したようですが、東洋哲学では「6対4」という考え方があり、「自分が食べたいと思う6割で抑えなさい」といいます。

アーユルヴェーダでも、食事は胃袋の3分の1は固形物、3分の1は液体、残りの3分の1は消化のためのスペースとして「腹6分」を推奨していますし、ヨガの有名な教義でも、「腹8分目で医者いらず、腹6分目で老いを忘れ、腹4分で神に近づく」といいます。

私の断食体験

私が初めて「断食」をしたのは30歳のときです。

1週間の断食でしたが、そのときはパソコンもなく、断食に関する書籍もありませんでした。

ただ、私の高校時代（北海道稚内市）の空手部の顧問の先生に偶然、札幌で出会ったとき、断食道場へ行ったことがあり、断食についていろいろと話を聞くことができました。

それから何年もの月日が流れましたが、私が断食をしようと思ったのは、自分の我慢する心を養い、「食」に対する感謝の気持ちを持つためでした。

私は当時、病院に勤めていましたが、周囲では「あそこのホテルはあまり食べるものがない」とか、「あそこの○○は美味しくない」など、食に対する非常に贅沢な言葉が多く聞かれていました。

私は子どものころ、食事に対して何か言うと父から、「お前、いつからそんなに偉くなったんだ」と叱られましたから、いつの間にか出されたものを黙って食べるようになり、残したこともありません。
初めての断食では、自分の体がどのように変化していくのかまったくわかりません。ただ、「死ぬことはないだろう」と漠然と思いながら挑戦しました。ハードな運動は避けましたが、日常生活はいつもどおりです。
1週間、口に入れるものは一度沸かした水だけです。大きな湯飲み茶わんで午前と午後の2杯のみです。
以下、そのときの心境の変化です。

1日目　「腹減ったな〜」

2日目　「なんか食べたいな〜」。夜になると無性に食べたくなり、少し弱音が出る。

3日目　階段を上るとき、太腿にダルさが感じられる。食欲はさほどない。

4日目　宿便が握りこぶし大の量ほど出る。

5日目　体を動かすとすぐにヘタバリはじめる。何か頭がスッキリしている気がする。座禅する時間が多くなる。

6日目　頭は冴え、気分もいいが、体だけが疲れやすい。

7日目　初めてにして達成できることの喜びと、「明日から食べることができる」という安堵感が入り混じった感情。

8日目　七分がゆ1杯。「もっと食べたい」という感情に支配される。

9日目　七分がゆ2杯。早く普通食に戻りたいが、止めるときは簡単でも戻すときは順序が必要。

10日目　完全に元に戻す。

その後、何度も断食をしました。年に何度か、1日だけだったり3日だったり、「最近少し食べすぎているな」と感じたらすぐに実行です。

今の時代は私がチャレンジしていたころとは違って、いくらでも情報が入ります。

もちろんネガティブな情報も並行して入ってきますが、断食を続けていると、何が正しくて何が間違っている情報なのかがわかってきます。

現代の西洋医学だけを学び、あまり自分で研究していない医者は「断食」は栄養失調になるとし、脳の唯一の栄養はブドウ糖だといいます。

それは正しくありません。

脳の栄養はブドウ糖だけではないし、ブドウ糖が不足するとケトン体がその代わりを務めます。

もちろん個人差はあるでしょうが、断食キャリア30年の私にいわせれば、人は食べなくても大丈夫です。

私たちはいろいろなメディアから、さまざまな情報を刷り込まれています。それらは基本的には大企業の利益のための情報です。

断言できますが、人間は1週間や10日間ぐらいは食べなくても大丈夫です。

一時、筋力や持続力はなくなりますが、精神は安定し、あらゆる体の不調も改善されるという報告も数多くあります。

食べることは内臓に負担をかけることです。

食べ物を消化するためのエネルギーをほかに向けることができれば、体力は向上し、免疫力も上がり、肉体を回復に向かわせることができます。

「食べなければならない」という「刷り込み」は、やがては「思い込み」となり、ストレスになっていくのです。

最後に――丹田を鍛えた傑物たち

さて、「腹（肚）」を優先させるとどのようになるのでしょうか。

「あいつは器が大きい」と聞くとき、あなたは頭、胸、腹、脚、腕のどの部分を想像しますか？

以前は、特に戦前は「腹」という概念を大切にし、多くの著名人が腹をよりどころにしようと「禅」に取り組みました。

日清・日露戦争では海軍で活躍し、陸軍の反対を押し切って第二次世界大戦を終結に導いた鈴木貫太郎元首相もそのひとりでした。

日露戦争の英雄・東郷平八郎元帥も若いころは頭脳明晰なインテリタイプだったといいますが、ある人から「頭がよいだけでは将の器にはなれない」と言われ、座禅を組んで「腹」を作るように努力しています。

「頭」優先の現代において、政治家や軍人に「腹の人」はどれくらいいるのでしょうか。

「カネなくして政治なし」はいつの時代も同じでしょうが、現代のようにグローバリズムを旗印に悪事が横行し、国民を食い物にするのが当たり前になった時代に「肚」はないと断言できます。

西洋近代主義を母体とする合理主義という名の個人主義がまかり通り、「日本人の軸」、「男の軸」、「女の軸」という大切な主体性を失っている今、政治家や官僚に限らず、日本人として日本のことを知らずに世界に飛び出して国際人と勘違いしたり、「知識」と「情報」によって、「頭」や「脳」を主体とした考え方をする人たちが多いように思います。

人は「脳」を使えば使うほど杞憂が増え、いろいろな妄想を抱えてしまうともいわれています。

「人間の心配ごとの80％は脳が作り出したものであり、根拠のないものである」と説く学者もいるほどです。

昔、中国に無業《むごう》という禅僧がいて、何を聞かれても「妄想するなかれ」と答えたそうです。

法華三部経の一つである『観普賢菩薩行法経』の一節にも、

「一切の業障《ごうしょう》の海は皆妄想より生ず。もし懺悔せんと欲せば、端坐して実相を思へ。衆罪は霜露の如し。慧日《えにち》よく消除す」

とあります。

大意は、「正しい道を行く妨げは、すべて妄想より生ずる。もしも妄想に流される自分の姿を自覚して改めようとする者は、姿勢を調えて座り、真実の姿を思いなさい。そうすれば、諸々の罪のもとである妄想は、朝の露が朝日によってたちまち消えてしまうように、真理の知恵に満たされて消えてしまうだろう」ということです。

簡単にいえば、あまり「頭」や「脳」を優先させると、妄想に囚われて正しい判断ができなくなるということでしょう。

したがって、現代において必要なことは。やはり「腹（肚）」を作ること、すなわち「丹田」を意識し、「丹田」を作り、「丹田」を使うことなのです。

江戸後期の剣豪・白井亨《とおる》義謙（天真一刀流2代目、天真伝兵法創始者）は、20代に武者修行している中、

「世の中には多くの剣客がいるが、40歳になるころには誰でも衰えてしまう。若くて体力のあるうちは強くても、年を重ねて体力が落ちて弱くなってしまうことに一生をかけて何になるのだ。今、思えば俺は20年間も無駄なことをしてきたものだ」

と疑問を抱きました。

そんなおり、白井は同じ道場出身の先輩である天真一刀流の寺田宗有と旧交を温め、ふ

たりは木剣を持って向かい合います。このとき寺田63歳、白井28歳。

勝敗の行方は戦わずして歴然としているように思われましたが、寺田のすさまじい気迫に圧倒され、蛇に睨まれた蛙のように体を委縮させた白井は、寺田に降参してしまいます。

そして、白井は白隠《はくいん》禅師の「錬丹《れんたん》の法」に出逢うのです。錬丹の法とは、まさに意識を下腹から足裏まで下げて丹田を作る（練る）術です。

白井は自らが体得した錬丹法を「赫気術《かっきじゅつ》」と名づけました。それは、「目や耳など五官の働きに頼らず、丹田の力で外界の動きを察知し、丹田からの赫気によって相手を圧倒する」というものです。

白井には、丹田から腕、指先を伝って剣先まで力が伸びていくことが見えたのでしょう。白井亭の剣は年齢とともに進化していきました。

日本の心療内科の草分けだった池見酉次郎《ゆうじろう》博士は、「肚の文化が人類を救う」という言葉を残されています。

また、上智大学名誉教授でカトリックの神父、臨済宗の師家でもある門脇佳吉先生は、「この混迷の世を打破するには丹田を練るしかない」、「丹田で迷いを断ち切るしかない」と説かれております。

イエス・キリストよりはるか以前、ゾロアスター教を創ったザラスシュトラからはじまった極端な善悪二元論は、争いの歴史を繰り返し、近代合理主義の名のもとに世界に広がりましたが、欲深き頭脳によって作られた「平和」という言葉は、かえって余計な対立や抗争を生み出してきたように思われます。

「腹」から出る「知恵」は争いを生じません。

それは「統合」であり、「調和」なのです。

あとがき

「丹田」についていろいろと述べてきましたが、つまるところ「動き」の中心とする場所であり、肉体だけではなく精神面にも大きな影響を与える場所であるということです。

古来より、そのことに気がついた人たちは健康で長生きをし、あらゆる「道」で高みを見ることができたのでしょう。

人体の各部位の力にまかせるばかりでは、体に歪みを招き、加齢とともに病気や怪我へと導かれることにもなります。

武道やスポーツであれば、若いときのパワーやスピードなど肉体の鍛錬はもちろん必要なことですが、同時にできるだけ早く自分の体の重心（中心）の大切さに気づき、病気や怪我がない一生を歩みたいものです。

私自身、いまだに「若さ」といいますか「馬鹿さ」も加え、還暦を過ぎて肩の故障に悩まされている始末です。そもそも、「怪我」とは「我《われ》が怪しい」と書くのですから、致し方ありません。

私は特別に強いわけでもありませんし、まして達人ではありません。

ただ、体の動きを解剖学的にというと大げさですが、体の骨や筋肉をどのように動かすとよいのかを説明しているのです。達人になるというより、達人に近づくための研究のようなことでしょうか。

難問題をあっさりと解いてしまうような天才の話を聞くよりは、自分よりは少し理解している人の話を聞くほうが身につくこともあります。

私は27歳から剣道をはじめ、30歳で二段をいただきましたが、道場で稽古をしていると、五段の人は比較的若い40歳前後の人が多かったように記憶しておりますが、みなさん学生時代から剣道をしている人たちばかりで、稽古をしていてもその強さが身に沁みて伝わってきました。

しかし、この人たちが到底敵わないという七段、八段の高齢の先生方と稽古をすると、不思議なことにその強さが伝わってこないのです。

軽く稽古をつけてくれているのでしょうが、今ひとつ手応えが伝わってこないので、五段の人たちのほうがむしろ強く感じてしまうくらいです。

つまり、七段や八段の強さがわかる「アンテナ」がこちらに備わってないのです。

あらゆる習いごとでいえるのは、「自分が心身ともに準備ができたときでなければ、気づきは得られず、次の段階へは進めない」ということです。

与えられた「課題」を克服しないうちは、おそらく次へは進めないのでしょう。

したがって「継続する」ことが必要となり、しかも、いろいろと試行錯誤して考えながら続けなければなりません。

まだ若いうちは「理論3割・行動7割」でいいと思いますが、年齢とともに考えることを増やし、理論を「熟成」させながら行動を減らしていったほうが、体に無理が来ないでしょう。

おそらく体について執筆することはこれが最後かと思いますが、本書によって体の中心である「丹田」の作り方・使い方を学び、少しでもみなさんの人生にお役立ていただければと願っております。

動きに対するものばかりではなく、あらゆる楽器や華道や書道などの習いごと、すべての芸道に必要な姿勢・重心・脱力・空間認識について現在、私の知っている最大限を書きました。みなさんが実際に取り組まれている芸事に照らし合わせ、工夫していただけたらと思います。

令和元年12月吉日

吉田始史

著者◎吉田始史　Yoshida Motofumi

幼少より空手や剣道、合気武道を学び、また看護師として医療・生理学にも精通し、効率の良い身体の使い方を研究。その集大成を独自の理論「運動基礎理論」としてまとめ、自ら主宰する「日本武道学舎」にて子どもから大人まで、幅広く指導している。現在、「デイサービスがまの穂」を立ち上げ、地域のお年寄りの健康維持に貢献している。主な著書に『仙骨姿勢講座』『いつでも背骨』『７つの意識だけで身につく 強い体幹』『「４つの軸」で強い武術！』（いずれもBABジャパン）、『腰痛は「たった１つの動き」で治る！』（講談社）、他多数。

◎日本武道学舎　https://nihonbudogakusya.com/
◎デイサービス がまの穂　https://gamanoho.com/

編集協力 ● 五目舎
本文イラスト ● 中島啓子
本文デザイン ● 澤川美代子
装丁デザイン ● 梅村昇史

丹田《たんでん》を作る！ 丹田《たんでん》を使う！

身体中心の意識が、秘めた能力を引き出す

2020 年 2 月 5 日　初版第 1 刷発行

著　者　　吉田始史
発行者　　東口敏郎
発行所　　株式会社 BAB ジャパン
〒 151-0073 東京都渋谷区笹塚 1-30-11　4・5F
TEL　03-3469-0135　FAX　03-3469-0162
URL　http://www.bab.co.jp/
E-mail　shop@bab.co.jp
郵便振替 00140-7-116767
印刷・製本　　中央精版印刷株式会社

ISBN978-4-8142-0259-1 C2075

DVD & BOOK Collection

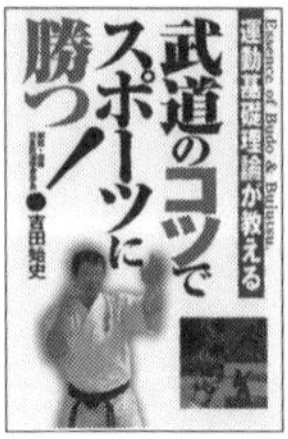

DVD　運動基礎理論が教える

武道のコツでスポーツに勝つ！

『動きのエッセンスを修得し、カラダを使いこなせ!』スポーツで上達するためには効率の良い身体の使い方、“コツ”をものにしなければならない。そのトレーニング法は長い歴史を有する武道にこそ、優れた方法論が蓄積されている。 武道・武術に学ぶ身体運動理論と実践を、空手と大東流の使い手である日本武道学舎吉田始史学長が紹介。

●収録時間50分　●本体5,500円+税

DVD　仙骨姿勢講座

全てに通じる仙骨のコツ

「カラダに良い姿勢の作り方・楽な動き方」日常生活・武術・スポーツ .etc「仙骨の締め」と「首の固定」で、カラダの動きを変える!!　このDVDでは、骨盤と背骨にとって重要な「仙骨」の使い方を吉田始史・日本武道学舎学長が丁寧に指導・解説。■内容:「仙骨姿勢」を作ろう／「仙骨姿勢」の効用／日常動作に活かす仙骨のコツ／運動に活かす仙骨のコツ／その他

●収録時間68分　●本体5,000円+税

DVD　骨格で解析する武術技法 **合気道のコツ**

良く分かる! 誰にでも出来る!　骨格で合気道技法を解析!!　同じ動きをしているハズなのにかからない——。合気道を学ぶ上でぶつかるこの壁の越え方を吉田始史師範が徹底解説。体軸…仙骨・背骨、移動…股関節、体重の伝達…肩・肘——。全ての人間に共通する身体構造:骨格のコツで誰にでも合気道技法ができる!　■内容:武術に活かす「骨格の使い方」、技法解説（裏落とし／四ヶ条／切り返し／小手返し／四方投げ／手刀詰め／肘煽り／内腕返し／逆襷／他）

●収録時間71分　●本体5,000円+税

BOOK　仙骨の「コツ」は全てに通ず **仙骨姿勢講座**

“うんこ我慢”は、よい姿勢。骨盤の中心にあり、背骨を下から支える骨・仙骨は、まさに人体の要。これをいかに意識し、上手く使えるか。それが姿勢の良し悪しから身体の健康状態、さらには武道に必要な運動能力まで、己の能力を最大限に引き出すためのコツである。本書は武道家で医療従事者である著者が提唱する「運動基礎理論」から、仙骨を意識し、使いこなす方法を詳述。

●吉田始史 著　●四六判　●230頁　●本体1,400円+税

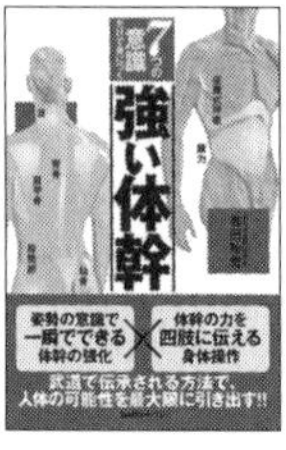

BOOK　7つの意識だけで身につく **強い体幹**

『姿勢の意識で一瞬でできる体幹の強化×体幹の力を四肢に伝える身体操作』　武道で伝承される方法で、人体の可能性を最大限に引き出す!　姿勢の意識によって体幹を強くする武道で伝承される方法を紹介。姿勢の意識によって得られる体幹は、加齢で衰えない武道の達人の力を発揮します。野球、陸上、テニス、ゴルフ、水泳、空手、相撲、ダンス等すべてのスポーツに応用でき、健康な身体を維持するためにも役立ちます。

●吉田始史 著　●四六判　●184頁　●本体1,300円+税

BOOK Collection

BOOK めざめよカラダ! "骨絡調整術"

~骨を連動させて、体の深部を動かす秘術~

あっという間に身体不調を改善し、機能を高める、格闘家 平直行の新メソッド。骨を連動させて体の深部を動かす秘術、武術が生んだ身体根源改造法。生活環境の変化に身体能力が劣化した現代において、古武術より導き出した「骨絡調整術」を現代人にマッチさせ、その神髄をサムライメソッドとして収めた潜在力を引き出す革命的な身体調整法です。

●平直行 著 ●四六判 ●180頁 ●本体1,400円+税

BOOK 気分爽快! 身体革命

だれもが身体のプロフェッショナルになれる!

3つの「胴体力トレーニング〈伸ばす・縮める〉〈丸める・反る〉〈捻る〉」が身体に革命をもたらす!! ■目次:総論 身体は楽に動くもの/基礎編① 身体の動きは三つしかない/基礎編② 不快な症状はこれで解消できる/実践編 その場で効く伊藤式胴体トレーニング/応用編 毎日の生活に活かす伊藤式胴体トレーニング

●伊藤昇 著/飛龍会 編 ●四六判 ●216頁 ●本体1,400円+税

BOOK 柔術(やわら)の動き方 「肩の力」を抜く!

~相手に作用する!反応されない!~

簡単だけどムズかしい? "脱力"できれば、フシギと強い! 筋肉に力を込めるより効率的で、"涼しい顔"のまま絶大な力を相手に作用できる方法があった! 柔術は、人との関わりのなかで最高にリラックスする方法。日常動作や生き方にも通じる方法をわかりやすく教える!

●広沢成山 著 ●四六判 ●220頁 ●本体1,500円+税

BOOK 感覚で超えろ!

達人的武術技法のコツは"感じる"ことにあった!!

接点の感覚で相手と自分の境界を消していく。次の瞬間、相手は自分の意のままとなる。感覚を研ぎ澄ませば、その壁は必ず超えられる!力任せでなくフワリと相手を投げたり、スピードが遅いように見える突きがなぜか避けられない、不思議な達人技。その秘密は"感覚"にあった! 達人技の領域についに踏み込んだ、前代未聞の武術指南書。

●河野智聖 著 ●A5判 ●176頁 ●本体1,600円+税

BOOK 速く、 強く、 美しく動ける!

古武術「仙骨操法」のススメ

上体と下体を繋ぐ仙骨。古武術の「仙骨操法」で、全身が連動し始める! あらゆる運動の正解はひとつ。それは「全身を繋げて使う」こと。古武術がひたすら追究してきたのは、人類本来の理想状態である"繋がった身体"を取り戻すことだった! あらゆる運動を向上させる"全身を繋げて"使うコツ、"古武術ボディ"を手に入れろ!

●赤羽根龍夫 著 ●A5判 ●176頁 ●本体1,600円+税

BOOK Collection

BOOK　新世紀身体操作論 **考えるな、体にきけ!**

本来誰もに備わっている"衰えない力"の作り方!

"達人"に手が届く!　とっておきの日野メソッド多数収録!「胸骨操作」「ラセン」「体重移動」…アスリート、ダンサー、格闘家たちが教えを請う、身体操法の最先端!"自分はできてなかった"そこからすべてが始まる!　年老いても達人たり得る武術システムの不思議!意識するほど"非合理"化する身体の不思議!　知られざる「身体の不思議」すべてを明らかにする!!!

●日野晃 著　●A5判　●208頁　●本体1,600円+税

BOOK　柔らかい心身で生きるための15の瞑想エクササイズ

水のごとくあれ!

水は優しくて力強い。個体にも気体にもなり、決まったカタチはなく、どんな容れものにも適応できる—。人間関係など日常の問題に武術の原理を適用し、水のごとく即妙に応じて生きるための考え方や、すぐにできる瞑想法、心掛けなどを紹介!　武術の核心を逆輸入的に気づかせてくれる!

●ジョセフ・カルディロ 著／湯川進太郎 訳　●四六判　●264頁
●本体1,400円+税

BOOK　**ゲームの極意が武術の秘伝**

～ゲーマーが武道の達人を目指した結果～

疑問に感じたことは、徹底的にトライアル・アンド・エラー!　ゲームのように"楽しくトコトン"武術をつきつめたら、"誰でも武術の達人になれる"秘伝を解明してしまった!!"逃げられない突き"の理由　一番身体が強くなる、心の置き所　筋力やら、運動神経やら、無駄な努力なんかやらよりも大事なのは"気づくこと"!　だから、読めばあなたにもできます!

●真仙明 著　●四六判　●272頁　●本体1,400円+税

BOOK　**"手のカタチ"で身体が変わる!**

～ヨガ秘法"ムドラ"の不思議～

ヨガで用いられている"ムドラ=手のカタチ"には、身体の可動性を拡大させるほか、人間の生理に直接作用するさまざまな意味がある。神仏像や修験道者・忍者が学ぶ"印"など、実は世界中に見られるこの不思議な手の使い方にスポットを当てた、本邦初、画期的な1冊!

●類家俊明 著　●四六判　●168頁　●本体1,200円+税

BOOK　柔らかな芯のある〈跳ぶ〉カラダを手に入れる

柔芯体メソッド

「中心点」「表と裏のストレッチ」を意識して動くことで、自然にカラダのなかに生まれて、滑らかで、いつでも跳べるチカラのもととなる柔らかな芯〈柔芯〉を感じる方法をご紹介!プロダンサーとして世界を舞台に30年活動、5000人以上のダンサーを指導してきた著者が、その体験から得た「ほんとに動くカラダになるメソッド」を全公開!

●稲吉優流 著　●四六判　●212頁　●本体1,400円+税

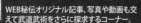

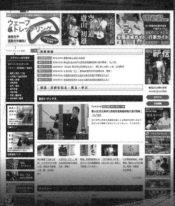